El triunfador humilde

El triunfador humilde

El éxito y el bienestar emprenden un nuevo rumbo

BERNABÉ TIERNO

temas'de hoy.

El papel utilizado para la impresión de este libro
es cien por cien libre de cloro
y está calificado como **papel ecológico**

Ediciones Temas de Hoy es un sello editorial de Ediciones Planeta Madrid, S. A.
Paseo de Recoletos, 4. 28001 Madrid
www.temasdehoy.es
www.planetadelibros.com
Primera edición: mayo de 2012
ISBN: 978-84-9998-132-1
Depósito legal: M. 10.871-2012
Preimpresión: J. A. Diseño Editorial, S. L.
Impresión: Dédalo Offset, S. L.

Printed in Spain-Impreso en España

ÍNDICE

«El verdadero mérito es como un río.
Cuanto más profundo es, menos ruido hace.»

E. F. HALIFAX

EL TRIUNFADOR HUMILDE

1

LA PROMESA

Ángel contemplaba a su abuelo y trataba de ocultar la aflicción que le producía verle en ese estado. Aquella máquina de vivir parecía haberse averiado definitivamente. Y lo peor de todo era que, a juzgar por su mirada perdida, el piloto había decidido abandonar la nave.

Mientras el joven tomaba la mano del anciano sin saber qué decir, recordó que ya hacía dos años que había dejado su hogar para cuidar de él. Aquel viejo terco se había negado a pasar sus últimos días en una residencia. Como ya no se valía por sí mismo, su nieto se había trasladado a vivir con él a aquella aldea habitada por una docena de almas.

Aquel escenario que habría horrorizado a cualquier otro muchacho había sido una gran escuela para Ángel. A sus veintidós años recién cumplidos, había disfrutado con las labores de horticultura, escuchando los consejos de los veteranos del lugar para que cada fruto de la tierra diera lo mejor de sí mismo. Había aprendido a cuidar de los animales de la granja, detectando a tiempo cualquier enfermedad, antes de que fuera demasiado tarde.

Desde el primer día, se ocupó de la limpieza en casa de su abuelo, para quien había cocinado y hecho las veces de enfermero. El médico rural pasaba por la aldea solo una vez a la semana, así que el resto de los días Ángel había seguido a rajatabla sus indicaciones.

Fuera de aquellas tareas, el joven solo tenía la posibilidad de desconectar cuando, cada noche, llamaba a sus padres. Y se daba cuenta de que, pese a todos sus cuidados, no iba a poder retener a su abuelo mucho tiempo.

Le humedeció la frente con un paño tibio antes de decirle:

—El médico debe de estar al llegar, abuelo. Mientras tanto no debes preocuparte. Estoy a tu lado.

El anciano le devolvió una mirada limpia, pero cada vez más distante, como si el enfermo se estuviera alejando ya del mundo. Luego le habló con un hilo de voz:

—No llegará a tiempo, pero me trae sin cuidado. No necesito a nadie para marcharme, puesto que la fiesta ha terminado. Al menos para mí.

—Por favor, abuelo… —dijo Ángel con un nudo en la garganta.

—Déjame hablar. Necesito decirte algo antes de irme de aquí. También voy a pedirte un favor y espero que lo cumplas. Si atiendes a mi deseo, podré pasar tranquilo al otro lado. ¿Lo harás?

—Claro que sí. Haré lo que desees, pero…

—Escucha y calla, entonces —le volvió a interrumpir—. Tienes ya veintidós años y no has empezado a vivir. Aquí solo quedan viejos y ni siquiera vas a poder quedarte con esta casa. Volverá a manos de tu tío, con el que no me hablo desde hace años. Por eso quiero que vayas a la ciudad y apliques allí lo que has aprendido de estas gentes sencillas.

—No me gusta la ciudad, abuelo.

—Lo sé, pero puesto que vas a atender a mi deseo, quiero que vayas allí cuanto antes. En el cajón de mi mesita de noche encontrarás algo de dinero para las primeras semanas, hasta que encuentres un trabajo.

Ángel calló. Estaba demasiado ansioso por la llegada del médico para pensar en aquella idea descabellada. ¿Qué se le había perdido en la ciudad? No tenía estudios ni oficio alguno.

—Vivirás en la ciudad —repitió el anciano con un temblor en la voz—. Igual que has cuidado aquí del huerto, de los animales y de este lastre de abuelo, quiero que cuides de ti mismo y de los demás. Has de ser una luz en medio de las tinieblas, una esperanza para los desesperados, un eterno optimista.

Asustado, Ángel se dio cuenta de que su abuelo se estaba despidiendo. Nunca se había puesto tan trascendente con él. Los ojos del joven se cubrieron de lágrimas al escuchar la que sería su última frase:

—Sé grande, pero sé humilde.

2

EL HOSTELERO

El ruidoso caos que reinaba en la ciudad aterrorizó a Ángel nada más bajar del tren. Mientras cruzaba la estación, se asombró de que la gente corriera en todas direcciones como si hubiera estallado la guerra. Un hombre trajeado que escribía un mensaje en su Blackberry chocó contra otro. Tras intercambiar con él un par de insultos, siguió su camino aporreando los botones.

Un vecino de la aldea le había dicho que junto al restaurante de la estación había una cartelera de anuncios. Allí podría encontrar habitaciones de alquiler e incluso tal vez un trabajo.

Esperanzado, buscó el lugar y se plantó ante aquel mosaico lleno de teléfonos e informaciones confusas. Leyó muchos avisos de personas que buscaban trabajo —algunos mensajes estaban llenos de faltas de ortografía—, pero no había ninguna oferta laboral.

Mientras se preguntaba de qué viviría cuando se le terminara el poco dinero con el que contaba, anotó el teléfono de la habitación más asequible. Luego buscó una cabina telefónica.

Tras perder dos monedas en teléfonos que estaban averiados, al tercer intento logró hablar con el casero. Era un hombre de malos modales que parecía haber sido arrancado del sueño en aquel mismo momento.

—Son ciento ochenta euros por la habitación y derecho a baño y cocina. Dos meses por adelantado más la primera mensualidad.

Ángel hizo un cálculo rápido. Si desembolsaba aquella cantidad, apenas le quedaría para comprar comida y pagar los transportes públicos cuando empezara a buscar trabajo.

—El depósito, ¿no puede ser de un mes? Tal vez me quede poco tiempo en la ciudad.

Tras unos segundos de duda, el casero rugió:

—De acuerdo, pero quiero los trescientos sesenta euros en mano en cuanto llegues. Sin demoras. Ah, y tendrás que abonar veinte euros extras como depósito por las llaves.

Dicho esto, colgó el teléfono.

El piso de aquel hombre huraño se encontraba en un barrio humilde de la ciudad. Mientras buscaba el número del portal, Ángel pasó por muchos comercios cerrados que parecían llevar mucho tiempo con el cartel de traspaso.

Su mismo casero tenía un restaurante a punto de cerrar, tal como le explicó para justificar que le exigiera el dinero antes incluso de mostrarle su habitación.

—Esto se hunde, Ángel —dijo—. La gente no tiene dinero para gastar y si a alguien le queda algo, lo esconde a la espera de tiempos mejores. El ejemplo más claro lo tienes con mi restaurante: cada mediodía hacemos uno o dos menús menos que el día anterior. Es para pegarse un tiro.

El recién llegado se preguntó si aquel hostelero se dirigiría a sus clientes con aquellas mismas deprimentes palabras. Se dijo que a él mismo, de haber tenido dinero, no le habría gustado ir a un restaurante regentado por una persona con tanta amargura.

Sin embargo, había aprendido de su abuelo a no entrometerse en la vida de los demás, a no ser que reclamaran su ayuda. Por eso mismo, tras escuchar con atención a aquel hombre, se retiró discretamente a su habitación.

Allí tomó un cuaderno sin estrenar que su abuelo había dejado para él. Antes de emprender su último viaje, había escrito en la cubierta con un grueso rotulador el título: EL TRIUNFADOR HUMILDE.

Para no olvidar lo que iba aprendiendo, Ángel decidió escribir la primera conclusión a la que había llegado nada más poner los pies en la ciudad.

1.ª LEY DEL TRIUNFADOR HUMILDE

La primera ayuda, antes de hablar
o proponer soluciones, es saber escuchar.

3

LOS DOS PROBLEMAS

Los primeros días de Ángel en la ciudad siguieron una misma rutina. Abandonaba su oscura y pequeña habitación a las siete y media de la mañana para deambular por todos aquellos lugares donde la gente trabajaba: mercados, almacenes, naves industriales, obras públicas y privadas.

En todas partes le decían lo mismo: «Aquí no hay nada para ti ni para nadie».

El joven aldeano no se desanimaba con estas palabras y continuaba buscando. Donde hubiera tres personas trabajando cabía la posibilidad de que hubiera trabajo para cuatro, se repetía.

En un par de ocasiones le preguntaron por su *curriculum vitae*. Al saber que no poseía título alguno ni oficio acreditado por una escuela, le trataron con desprecio. Aun así, Ángel no desfallecía y lo seguía intentando. Lo hacía por lealtad a su abuelo, que tal vez estuviera contemplando sus pasos desde algún lugar, pero también para demostrarse que podía abrirse camino por sí mismo.

Tras dar un par de veces el teléfono de su casero y obtener otro par de promesas vagas de que le llamarían si surgía algo, en su tercera tarde en la ciudad, Ángel presenció una escena que le encogió el corazón.

Al entrar en la cocina con una bolsa llena de verduras para preparar la cena, que compartía con el hostelero, se lo encontró llorando sobre la mesa.

Su abuelo le había enseñado que todos somos capitanes y nunca hay que abandonar un barco que está a punto de hundirse, así que se sentó al lado de aquel hombre y esperó a que dejara de sollozar para escucharle.

—Esto es el fin —dijo—. Como con la caja del restaurante apenas llega para pagar a los proveedores, debo unos cuantos sueldos al cocinero y al camarero, que le hace de pinche mientras yo estoy en la sala. Me acaban de decir que mañana no volverán y que, además, me van a denunciar. Yo quiero pagarles, pero... ¿cómo voy a hacerlo si no tengo personal para abrir la persiana?

Tras escuchar sin interrumpirle, tal como había apuntado en la primera ley de su libreta, Ángel expresó su opinión con sencillez y claridad:

—Yo aquí veo dos problemas, el primero mucho más fácil de solucionar que el segundo.

El hostelero levantó la cabeza asombrado. No esperaba que un pueblerino sin formación alguna se atreviera a dictar soluciones para un negocio de una ciudad en crisis.

—El primer problema, cómo abrir mañana el restaurante, tiene solución inmediata —dijo Ángel mientras lavaba las verduras para el caldo—. Puesto que no tengo trabajo, yo mismo te ayudaré unos cuantos días. No necesitas pagarme. Lo tomaré como unas prácticas. Estoy harto de vagabundear todo el día sin hacer nada de provecho.

—Gracias, hijo —dijo admirado el patrón—. No me queda más remedio que aceptar tu ayuda, y espero poder compensarte más adelante. ¿Cuál es el segundo problema, el de más difícil solución?

—El segundo problema, del que habría que ocuparse después de abrir, es el motivo por el que el restaurante ha ido perdiendo clientes un día tras otro.

—La culpa es de la crisis —dijo el patrón muy serio—. La gente tiene cada vez menos dinero y come en su casa.

—Eso puede ser un motivo, pero en los tres días que llevo pateándome la ciudad he visto, en un mismo barrio, restaurantes que están llenos al lado de otros donde no había nadie. Hay algo que unos hacen y los otros no hacen. Valdría la pena averiguar qué es.

Por unos momentos, el casero recuperó el tono colérico de su primera conversación por teléfono.

—¿Estás insinuando que doy peor comida que la competencia?

—No estoy insinuando nada —dijo Ángel—. Solo quiero saber por qué la gente se siente más a gusto en otros restaurantes y cómo podemos hacer que nos elijan a nosotros. Mi abuelo siempre me decía que si sales con la chica guapa del pueblo, tendrás que tratarla como a una princesa, ya que, como tiene donde elegir, si no estás por ella, se irá con otro.

El hostelero abrió los ojos como platos, sin entender a qué venía aquello. Se puso de pie, frente a la olla donde empezaba a hervir el agua para las verduras, y declaró:

—Yo tengo un restaurante en un barrio de trabajadores en paro. ¿Dónde está la chica guapa?

—En tiempos de crisis —dijo Ángel muy tranquilo—, la chica guapa es la clientela.

2.ª LEY DEL TRIUNFADOR HUMILDE

La amabilidad es el mejor condimento
para los negocios y otras relaciones humanas.

4

UN NUEVO INICIO

Ángel había pedido a quien ahora era su jefe acudir al restaurante dos horas antes de abrir. Al igual que examinaba con ojos críticos el huerto antes de ponerse a faenar para descubrir lo que necesitaba cada hortaliza, quería saber cómo estaba el patio antes de arremangarse.

Lo primero que le llamó la atención fue el cartel de la entrada, PAQUITO II, que estaba sucio y torcido. Después de sacarle la mugre con ayuda de una fregona, pasó al interior del restaurante y encendió las luces. Tres de los ocho fluorescentes estaban fundidos, lo que creaba un ambiente tristón en el local, que se hallaba en una calle más bien sombría.

Después de barrer y fregar, se puso tras la barra, que no había vivido una limpieza a fondo desde hacía meses. Justo entonces llegó el patrón.

Se quedó boquiabierto al ver el baldeo que Ángel había dado al local en solo dos horas. El suelo y la barra estaban relucientes, y los cinco fluorescentes que funcionaban parecían dar más luz al haber perdido la pátina de polvo.

No obstante, ahora a Ángel le preocupaban otras cuestiones relativas a aquel establecimiento.

—¿Por qué se llama Paquito II?

—Pues... supongo que porque había otro local del mismo dueño antes de que yo tomara el traspaso.

—Entonces, ¿Paquito es un amigo tuyo?

—¡Qué va! Ni siquiera lo conozco.

—Eso habrá que cambiarlo cuanto antes —dijo Ángel—. A la gente no le gusta ir al segundo restaurante de alguien que ni siquiera es ya el dueño del negocio. Así nunca se sentirán en casa.

—No hay dinero para encargar un rótulo nuevo... —replicó el patrón sorprendido por aquella evidencia—. Y tampoco sé qué nombre habría que ponerle. Yo me llamo Manuel. ¿Crees que quedaría bien Manuel I?

El joven tuvo que contener un ataque de risa ante la falta de imaginación de aquel pobre hostelero. Pensó que debía de estar tan agobiado por las deudas que le costaba salir de los estrechos límites de su mundo.

Mientras pensaba en todo eso, de repente Ángel sintió que una bombilla se iluminaba en su interior.

—¡Tengo una idea! ¿Y si dejamos que lo decidan los clientes?

—Pero... ¿te has vuelto loco? ¿Cómo vamos a hacer eso?

—Cuando les pasemos la cuenta, añadiremos un papel con un espacio para que propongan un nuevo nombre para el restaurante. El ganador debería recibir una comida a la carta como premio.

—Haz lo que quieras —dijo Manuel, apabullado—. Aquí cerca hay una casa de fotocopias. Pero antes vamos a escribir el menú. ¿Qué sabes cocinar?

3.ª LEY DEL TRIUNFADOR HUMILDE

Toda gran transformación depende
de una hoja de ruta con pequeños objetivos.

5

¿QUIÉN ES EL LÍDER?

Laura salió de la redacción de la revista con ganas de mandar a paseo la carrera y aquellas prácticas de poca monta. Después de tres años sacando buenas notas en Periodismo, que en el último curso tuviera que formarse en una revistucha de barrio había sido una gran decepción.

Compañeros con peor *curriculum* que ella estaban de becarios en televisiones y radios nacionales.

«Lo bueno es que en una publicación local vas a tener libertad para impulsar tus propios proyectos —le había dicho su tutora—. No lo consideres una oportunidad pequeña.»

Al aterrizar en aquella redacción donde solo había un administrativo, que contrataba publicidad local, se deprimió enseguida. Aquella revista apenas tenía artículos: era un batiburrillo de anuncios con algunas cartas de los lectores y el exiguo programa de actividades culturales del barrio.

—Maldita sea, una revista mensual que no tiene un solo reportaje.

—Escribe tú el primero —le había dicho el administrativo, que andaba todo el día procurando cobrar los anuncios—. A todos los efectos, eres la directora de la revista.

Mientras se tomaba un café instantáneo, hojeó el periódico del día en busca de ideas. En la última página había una entrevista a un conocido psicopedagogo y escritor. Hablaba de que, en los tiempos actuales, era necesario encontrar otro tipo de líderes que aplicaran el humanismo ante los nuevos retos y dificultades.

Laura sintió que se activaba su olfato periodístico y decidió buscar los datos de contacto del entrevistado. Quizás podía desarrollar aquella idea de cara a un reportaje que titularía «LÍDERES PARA TIEMPOS DE CRISIS».

Animada con esta idea, después de hablar con una secretaria, una editora y una jefa de prensa, consiguió el teléfono del psicopedagogo. Para su sorpresa, aquel hombre tan ocupado la atendió sin prisas. Incluso cuando ella le explicó que el reportaje era para una revista local, aquello pareció avivar el interés de su interlocutor, que le dijo muy amable:

—Creo que fue Stanislavski, el hombre que revolucionó el teatro moderno, quien dijo: «No hay papeles pequeños, sino actores pequeños». ¿Sabes lo que quiero decir?

—Sí, que me tome el reportaje como un encargo grande.

—Es un encargo grande —puntualizó el psicopedagogo—. ¿Qué tiraje tiene esa revista?

Laura cubrió el teléfono con la mano para preguntar al administrativo. Luego respondió:

—Veinticinco mil ejemplares.

—Más que algunas revistas que están en los kioscos, pero aunque solo se editaran cien ejemplares, si una sola persona lo lee y tu reportaje le hace cambiar de forma de pensar, habrás cosechado un gran éxito.

—Muchas gracias por animarme —se sonrojó Laura—. Lo importante es saber quién es el líder en los tiempos actuales. Me gustaría tener una persona a la que poder seguir para analizar su forma de actuar e inspirar a los demás.

—Yo te podría dar varios nombres —repuso el psicopedagogo—. Empresarios que, pese a la crisis, siguen contratando a gente y se atreven a seguir adelante sin renunciar a sus valores. Pero el reportaje será mucho más auténtico si descubres tú a ese líder. Debes hacer algo como cuando Salvador Escamilla hizo debutar a Serrat en la radio.

Laura se quedó pensativa antes de preguntar:

—¿Y cómo reconoceré a ese líder? ¿Debo sondear a los cargos directivos de las empresas?

—No necesariamente. Hay líderes que guían e inspiran desde cualquier posición en la que estén, como el futbolista veterano que anima a sus compañeros desde el banquillo, aunque no juegue.

La joven periodista tomó rápida nota de aquellas palabras, ya que le parecían un buen ejemplo. Luego preguntó al psicopedagogo si podía darle algunas claves de esa nueva clase de líder que retrataría en su reportaje.

—Vamos a ver… —dijo este meditando lo que iba a decir—. Esa clase de líder no se siente más ni mejor que nadie. Simplemente, tiene una responsabilidad distinta. Sabe rodearse de personas positivas y eficaces, a la vez que se libera de los personajes tóxicos.

—Tomo nota.

—Sus acciones hablan por él o ella. Es una persona valiente, pero no agresiva. Pone en marcha pequeñas iniciativas con mucha visión de futuro. Sabe tocar el corazón del otro y hace sentir importante a todo su equipo. Todo eso y mucho más, pero… —vaciló el psicopedagogo— lo más importante es lo que te he dicho al principio: aunque reflote empresas y salve puestos de trabajo, no se siente nadie especial. Simplemente, le gusta ponerse al servicio de los demás. Y por supuesto, es una persona optimista, tónica, vital, valiente, imaginativa y empática, con autocontrol, buen humor y sentido del humor, humilde pero con una alta autoestima y sentimiento de competencia...; ahí tienes su retrato robot.

6

LA FORJA DEL GATO

Dos semanas después de la llegada del nuevo cocinero y camarero, era difícil encontrar mesa en La Forja del Gato a la hora del almuerzo. Habían elegido aquel nombre para suceder a Paquito II porque quien había escrito la propuesta se había esforzado en explicar por qué debía llamarse así.

Al parecer, el edificio que albergaba el restaurante había sido, medio siglo atrás, la forja de un herrero con un gato extremadamente longevo. El animal se tuvo en pie durante dos décadas a la puerta del negocio de su amo, y llegó a ser muy popular en todo el barrio.

Entusiasmado con aquella historia, Ángel preguntó al cliente que había lanzado la propuesta —un jubilado muy conversador— si podía conseguirle fotografías de aquel matusalén de los gatos y de la vieja forja.

Dos días más tarde, el hombre apareció con un sobre grande lleno de fotos de la época en blanco y negro. Las había conseguido en el archivo del distrito, donde se conservaba aquella clase de recuerdos. Había varias fotos del herrero en plena acción y dos retratos muy buenos del gato, que de hecho era una gata que se llamaba Fortuna pese a tener el pelaje negro.

Ángel puso dinero de su bolsillo para comprar unos marcos económicos y colgó todas aquellas fotos, que dieron al local un aire totalmente distinto. Era como si los fantasmas protectores del pasado hubieran vuelto.

Una estudiante de Bellas Artes insistió en hacer el nuevo rótulo ilustrado, aunque solo fuera a cambio de un menú del día. El cartel con la gata Fortuna colgaba ahora en la puerta de aquel establecimiento, que cada día ganaba más adeptos.

Pero el éxito no solo se debía a que se hubiera convertido en un local con encanto e historia. También los fogones de La Forja del Gato daban que hablar. Puesto que solo eran dos en un local con capacidad de sesenta comensales, Ángel había convencido a su jefe para que centraran los esfuerzos en solo seis platos, en lugar de los doce que había en el antiguo menú.

—Más vale ofrecer dos primeros, dos segundos y dos postres excelentes que dar a elegir el doble de platos con menos calidad —había propuesto—. Así podremos dejarlo todo preparado por la mañana antes del pase.

Fuera por la razón que fuese, La Forja del Gato se había hecho famosa en muy poco tiempo y fue necesario contratar a un pinche a media jornada.

Ángel se negó a cobrar un sueldo aquellas primeras semanas, ya que consideraba que estaba en prácticas. Lo único que aceptó fue que el patrón le devolviera el dinero del depósito de su cuarto. Ya no tendría que pagar por dormir y, puesto que la comida la tenía garantizada, tendría tiempo de pensar qué hacer con su vida mientras ayudaba en el restaurante.

—Si no quieres un sueldo, entonces te propongo que seas mi socio —dijo Manuel poniéndose serio—. Es lo justo, puesto que La Forja del Gato es creación tuya.

—Ser socio me parece un premio excesivo —repuso Ángel

con modestia—. Me conformo con que me deje seguir aprendiendo hasta que decida lo que quiero hacer.

—Como quieras —claudicó antes de atender las mesas del segundo turno de comidas—. No sé de dónde has salido, chico, pero un consultor formado en Harvard no lo habría hecho mejor.

4.ª LEY DEL TRIUNFADOR HUMILDE

Todo nace en el pensamiento:
lo que creemos se convierte en nuestra profecía.

7

¿CUÁL ES EL SECRETO?

Después de una semana tomando el almuerzo frío de una fiambrera —en la redacción no había microondas—, Laura decidió darse un homenaje en aquel restaurante del que todos hablaban últimamente.

La Forja del Gato se había convertido en *trending topic*, al menos en la zona, y en los blogs de gastronomía abundaban las buenas críticas sobre la cocina casera de aquel establecimiento. También hablaban de un gato viejo como el mundo que, junto con su dueño, había ocupado antiguamente aquel local.

—¿Te vienes conmigo a comer? —preguntó Laura al administrativo, que se había pasado toda la mañana persiguiendo morosos.

—¿Adónde vas?

Cuando la periodista le dijo dónde se encontraba el local, el otro se llevó las manos a la cabeza.

—Ni hablar. Es un lugar deprimente, y la última vez que estuve creo que me sirvieron una tapa de moscas. Como dicen los gallegos, *nunca máis*.

—Creo que el restaurante es nuevo, o ha cambiado de orientación —insistió Laura, a quien no le gustaba almorzar sola—. Bueno, como quieras.

Diez minutos después se encontró ante una nutrida cola que esperaba para el segundo turno, a las tres y cuarto. Se le hacía cuesta arriba esperar sin nadie con quien charlar, así que por una vez se decidió a explotar su oficio de periodista.

Ni corta ni perezosa, interceptó a un joven y guapo camarero que cargaba con tres platos de sopa y le dijo:

—Trabajo en la revista del barrio y me han encargado que haga un reportaje sobre La Forja del Gato. ¿Tienes sitio para mí?

Laura esperó un buen corte por parte de aquel mozo. Pero, para su sorpresa, el camarero le dijo su nombre y le preguntó el suyo. Tras agradecerle su visita, le pidió que aguardara en la barra. Había cola para largo en las mesas, pero él le ofrecería un par de tapas a cuenta de la casa.

Impresionada con aquellos veinte segundos de amabilidad en medio del caos de las comidas, la periodista se apostó en el trozo de barra donde menos molestaba. Ángel no tardó en servirle una copa de vino y las tapas prometidas, mientras seguía trajinando para que los platos llegaran puntuales a las mesas.

A su lado, un hombre grueso y sudado al que identificó como el dueño del local parecía desbordado —y a su vez satisfecho— con toda aquella actividad. Al pasar junto al camarero, le pasó el brazo paternalmente por encima del hombro y le dijo:

—Tenemos que contratar a alguien más. O vienen refuerzos o moriremos de éxito.

Media hora más tarde, el ambiente se relajó con la llegada de los postres y los cafés. Ángel aprovechó el respiro para atender a la periodista. Ahora que se detenía a mirarla, se dio cuenta de que era realmente bonita. Y, como a todos los de su profesión, le gustaban las preguntas directas:

—¿Cuál crees que es el secreto de vuestro éxito?

Ángel se quedó pensativo. Luego respondió:

—No creo que sea una sola cosa, sino muchas. Pero, para resumirlo de algún modo, supongo que el secreto es el amor.

—¿El amor? —preguntó Laura intrigada.

—Sí, empieza por la mañana, cuando preparamos platos con cariño para las personas que nos honrarán con su visita. No queremos decepcionarlas. Visto desde fuera, parece que les demos de comer, pero en realidad es al revés. Ellos nos dan de comer a nosotros. Si no viniera nadie, sería nuestra ruina. Por eso celebramos la llegada de cada cliente como si fuera un benefactor. Merecen todo nuestro amor.

5.ª LEY DEL TRIUNFADOR HUMILDE

La admiración y el reconocimiento
son la paga extra emocional de un trabajador
y de un cliente.

8

BARRERAS Y TRAMPOLINES

Estimulada por la conversación que había mantenido con el joven camarero, aquella tarde Laura regresó a la redacción y empezó a teclear su artículo en un viejo PC. Bajo el título «LÍDERES PARA TIEMPOS DE CRISIS», esbozó algunas de las ideas que había obtenido en la entrevista telefónica.

El psicopedagogo y escritor le había hablado de los cuatro obstáculos que suelen poner una barrera al éxito en cualquier cosa que se haga:

1. *El miedo, que paraliza y asusta*. El antídoto contra este veneno se llama «Haz aquello que temes».
2. *No estar dispuesto a fracasar las veces que sean necesarias*. Edison necesitó quemar más de diez mil bombillas hasta llegar a hacer luz.
3. *Olvidar lo prometido*. No es un valor pasado de moda: solo las personas de palabra cuentan con un círculo de colaboradores para remar juntos hacia un objetivo.
4. *Perder la confianza en uno mismo*. Los demás nos ven tal como nos vemos, así que si les transmitimos un mensaje de inseguridad permanente, nos tratarán de acuerdo con esa imagen que hemos generado.

La joven periodista meditó un instante sobre estos cuatro puntos, muy especialmente sobre el último. Tuvo que pensar en Ángel, el joven camarero que tan delicadamente la había atendido. Aunque le rodeaba una caótica agitación, su expresión y sus movimientos transmitían una extraña serenidad.

¿Sería él un buen modelo de líder tranquilo para su reportaje?

«Un camarero no puede ser un líder», se dijo descartando aquella idea. Tal vez el asunto fuera que aquel chico le había gustado, debía reconocerlo. A sus veintiún años, tenía toda una vida por delante, pero no podía decirse que Laura hubiera tenido mucha suerte en el amor hasta entonces.

Para alejar cualquier sombra de enamoramiento, volvió a la introducción de su artículo. Después de las barreras que cortan el paso al éxito, el psicopedagogo le había hablado de los trampolines que consiguen el efecto contrario. Eran cinco:

1. *Observa, estudia y escucha con atención* tanto a las personas como las situaciones, hechos y circunstancias. No te precipites en sacar conclusiones, espera antes a tener toda la información que necesitas.
2. *No dejes de mejorar en todo*, de aprender sin cesar. Jamás terminamos la tarea de perfeccionarnos. El corredor de fondo es consciente de que el primero y principal triunfo es vencerse y superarse a sí mismo.
3. *Sé exquisito, delicado y detallista con los demás*, tanto con tus clientes como con tus familiares, tus amigos y todos aquellos que están a tu lado.
4. *Adáptate constantemente*, ya que es necesario amasar según la harina de que disponemos en cada momento, para no morirnos de hambre.
5. *Recuerda que tu verdadero éxito es ser feliz.* Por eso, no

aspires a ser el más rico en cosas materiales, sino el más rico en saber vivir y en disfrutar al máximo de la existencia, que vale más que todas las cosas.

Laura dejó la redacción del artículo en este punto, algo entristecida. Se daba cuenta de que ella tenía más barreras que trampolines en su tránsito por la vida. Sin amor ni grandes expectativas laborales, solo contaba con aquel último año de carrera y las modestas prácticas en la revista.

Mientras recogía sus cosas con resignación, se repitió que debía encontrar un buen ejemplo de líder de nueva generación para su reportaje.

¿Dónde podía dar con él o con ella?

9

AGUA ENVASADA

Laura dejó pasar un par de días antes de regresar a La Forja del Gato. No quería que se notara que le había gustado el camarero, así que llegó a una hora prudencial e hizo cola como el resto de los comensales que abarrotaban el local.

Finalmente le tocó compartir mesa con tres mecánicos de un taller cercano. Estos le dedicaron varias miradas admirativas antes de lanzarse a devorar la sopa del día.

La periodista pidió lo mismo que ellos a una ágil camarera a la que no había visto la vez anterior. Buscó con la mirada a Ángel, pero, fuera de aquella chica y de un cocinero nuevo que entraba y salía, solo vio al jefe grueso y sudado.

Imaginó que el chico que le había hablado del amor como secreto del éxito debía de tener el día libre. Aun así, cuando pasó el dueño por su lado, le detuvo para preguntar por él.

—Ya no trabaja aquí —dijo con expresión apenada—, aunque sigue viviendo en mi casa. ¿Quieres que le diga algo de tu parte?

Los tres mecánicos miraban con atención a la joven, que no se atrevió a dar ningún mensaje delante de aquellos extraños. Lo cierto es que tampoco sabía qué decir.

Finalmente preguntó:

—Entonces…, ¿ha perdido su empleo?

—Al contrario, ha encontrado otro bastante mejor. Un cliente habitual que dirige una empresa que envasa agua mineral lo ha contratado para el almacén. Le gustaba mucho su actitud y su buen humor, así que me preguntó si podía ofrecerle una vacante que acababa de abrirse.

—Y usted, ¿qué le dijo?

—Pues... ¿qué iba a decir? Me hubiera gustado retenerle aquí, ya que él transformó un restaurante a punto de cerrar en La Forja del Gato, pero a los jóvenes hay que dejarlos volar. Seguro que allí también hará grandes cosas.

—¿Qué grandes cosas se pueden hacer en una planta de embotellado de agua? —preguntó Laura, contrariada, con el cinismo propio de los periodistas jóvenes.

Como toda respuesta, el dueño se fue a tomar nota a dos mesas que acababan de llegar.

Siguiendo un impulso irracional, al terminar el almuerzo, Laura se dirigió hacia la nueva empresa de Ángel, que se encontraba bastante cerca del restaurante. No tenía ni idea de qué excusa dar para aquella visita. Cruzó la rampa de entrada y salida de camiones con la idea de improvisar cualquier cosa si daba con él.

Las puertas metálicas del enorme almacén estaban abiertas en aquel momento, así que Laura se coló con la intrepidez de una periodista que busca una gran exclusiva. Estaba convencida de que no daría con el chico en un espacio tan inmenso, pero al girar a la derecha de un palé de garrafas se topó de morros con Ángel, que tuvo que sujetarla para que ella no se fuera al suelo.

—¿Tú por aquí? —le preguntó con una sonrisa.

—Sí, andaba buscando... —empezó nerviosa—. Creo que

perdí algo en la barra el otro día y quería saber si tú lo habías encontrado. Tu jefe me ha dicho que ahora trabajas aquí. ¿Por qué has dejado el restaurante?

Laura se dio cuenta de que estaba mezclando temas, pero al chico no pareció importarle. Ni siquiera le preguntó qué era lo que había perdido. Antes de que Ángel volviera al trabajo, la periodista le lanzó:

—He oído por ahí que vas haciendo grandes cosas. ¿Cuál es tu secreto? Aparte del amor…, quiero decir. ¿Has estudiado *coaching* o algo así?

—¿*Coaching?* ¿Qué es eso?

—¡No lo sabes! Bueno —sonrió ella—, esos cursos para vivir mejor y todo eso.

—¡Ah, entiendo! —dijo sacando de su bolsillo un papel doblado—. Tengo esta hoja fotocopiada. Puedes quedártela, me la sé de memoria. Lo copió de una pared de Budapest un amigo de mi abuelo.

Laura le miró admirada antes de decir:

—¿No te han dicho nunca que eres muy especial?

—¡Qué va! —rio abiertamente—. Soy un tipo muy normal, eso debe de ser lo raro.

6.ª LEY DEL TRIUNFADOR HUMILDE

Ser nosotros mismos,
sin imitar a nadie ni querer ser nada especial,
es lo que nos hace únicos.

10

AGUA ESTANCADA

Los primeros días en la ciudad, Ángel había echado en falta el silencio de su aldea, el contacto con la tierra y las conversaciones con gentes sencillas que le apreciaban. Desde que había llegado a la planta embotelladora, echaba de menos La Forja del Gato y la frenética actividad con su patrón.

Aquasprit era una empresa sin problemas económicos de ninguna clase. Tenían una distribución inmejorable y pedidos constantes, de forma que el trabajo no faltaba a las sesenta personas que estaban en la planta envasadora, además de los transportistas.

Sin embargo, Ángel enseguida advirtió que trabajar en Aquasprit era un infierno. Los empleados no se hablaban entre sí debido a viejas rencillas surgidas por una revisión salarial que estableció diferencias entre trabajadores que antes estaban en el mismo nivel.

Intentó hablar con alguno de los mozos de almacén de su sección, pero todos le contestaban con evasivas o bien echaban pestes de los «gandules» que atendían los pedidos. El conflicto enfrentaba a los de arriba —oficinas— con los de abajo —almacén—, pero se daba incluso dentro de una misma sección, porque bastaba con que alguien comiera con uno del bando enemigo para que el resto le retirara la palabra.

Ángel había aprendido de su abuelo que los problemas hay que afrontarlos de cara, así que abandonó su puesto de trabajo y, sin pedir permiso ni cita alguna, tomó el ascensor hasta la segunda planta, la de los jefazos.

Una vez allí, entró sin más en el despacho del gerente que le había contratado días atrás, ante el asombro de su secretaria, que no tuvo tiempo de detenerle.

El gerente vio boquiabierto cómo aquel empleado del rango más básico se presentaba por las buenas.

—Disculpe que haya venido sin avisar, pero si el agua sigue estancada más tiempo, se va a pudrir del todo.

—¿Cómo dices? —repuso el gerente alterado—. Aquasprit solo envasa agua de manantial y hay una constante circulación de stock. El líquido no tarda más de un mes en llegar a los puntos de venta desde la fuente.

—No es ese líquido al que me refiero, señor, sino a la mala leche que circula entre el personal. La gente no viene feliz a trabajar. Si no le pone remedio, pronto tendrá bajas por enfermedad y menguará la productividad.

El gerente se pasó la mano por la incipiente calva mientras estudiaba con curiosidad al jovenzuelo al que había fichado él mismo. Luego declaró:

—Has hecho un buen diagnóstico. Aunque la empresa marcha bien, tenemos bajas por depresión debido a ese ambiente enrarecido que has notado. De hecho, los mejores empleados siempre acaban cambiando de aires. Por eso pude contratarte.

—Ya sé que mi misión aquí es mover palés de agua fresca con la carretilla, pero creo que lo del agua estancada se podría solucionar.

—¿De verdad lo crees? —dijo el gerente levantando las

cejas—. Es un conflicto antiguo. Un marrón que me dejó mi antecesor.

—¿De qué se trata?

El gerente se aclaró la voz, como si pretendiera ganar tiempo para decidir si un simple obrero tenía que conocer aquellos detalles. Finalmente desvió la mirada al cielo azul de la ventana y explicó:

—Es una tontería, pero hasta ahora no hemos sabido encontrarle solución. Hace unos años, justo antes de la crisis, hubo un aumento de ventas y se quiso premiar a los comerciales que atienden los pedidos con un pequeño incremento de su sueldo. No llega ni a cien euros mensuales. Los chicos del almacén, que cobraban un sueldo idéntico pese a estar en un lugar diferente, se sintieron despreciados y empezó la guerra. De repente, ya no veían a los telefonistas como a iguales, y estos últimos empezaron a mirarlos como si fueran de rango inferior.

Tras escuchar con atención, Ángel preguntó:

—¿Y no se puede subir el sueldo a los del almacén? No lo digo por mí, sino…

—Imposible —le interrumpió el gerente—, ya que a raíz del conflicto se firmó un convenio de empresa que dice que cualquier subida o bajada de salarios ha de afectar a toda la plantilla por igual. O sea, que la hemos pifiado, porque esto ya no tiene solución.

—Sí la tiene —intervino Ángel—. ¿Por qué no organizamos una cena para resolver esto?

7.ª LEY DEL TRIUNFADOR HUMILDE

Las buenas relaciones con los colegas
y clientes son la inversión más rentable que existe.

11

UNA CENA DE CARIDAD

La noticia corrió por Aquasprit como la pólvora. Al escándalo de que se convocaba una cena para reconciliar a las facciones enemigas se sumaba un auténtico bombazo. Aquella iniciativa no había partido de la dirección. Ni siquiera de la jefa de recursos humanos.

La idea de bombero había sido de un chico de veintidós años que acababa de entrar a trabajar en el almacén. Que el gerente le hubiera escuchado y hubiera aceptado su propuesta era la prueba de que la empresa había perdido el rumbo definitivamente.

Para más inri, la cena tendría lugar en La Forja del Gato, un restaurante de menús donde había trabajado aquel mismo chico.

En las horas previas al evento, que era de asistencia obligatoria, nadie se acercó a Ángel. De repente, lo veían como un liante o como un espía al servicio de unos u otros, que había organizado aquel pollo con oscuras intenciones.

El chico prosiguió su jornada en el almacén sin inmutarse.

Aquella noche, La Forja del Gato presentó un llenazo como cualquier mediodía. Manuel había tenido que pedir sillas en el bar de un conocido para que pudiera sentarse toda la plantilla más tres invitadas que nadie, excepto el joven organizador, sabía qué pintaban allí.

Una era la animosa estudiante de periodismo, que, al enterarse en el restaurante de aquel evento, había acudido para documentar el reportaje que estaba preparando. Las otras eran dos mujeres mayores de una ONG que se dedicaba a llevar comida a ancianos y ancianas sin recursos.

Los empleados de arriba y abajo llegaron a la conclusión de que aquellas mujeres habían ido a la cena para llevarse las sobras, ya que aquella reunión de enemigos iba a quitar el apetito a más de uno.

En un extremo de la mesa, el gerente contemplaba preocupado aquella cena, en la que reinaba un tenso silencio pese a que Manuel había puesto una botella de buen vino para cada tres.

En el otro extremo se sentaba Ángel, que, ante la atenta mirada de Laura, se puso de pie y tomó la palabra:

—He oído por aquí y allá que todo este lío es por una subida de sueldo que solo afectó a una parte de la plantilla.

—Cincuenta y tres euros con veinte céntimos, para ser exactos —dijo el más veterano de los mozos de almacén.

—¿Y por esa cantidad andamos todos peleados? —saltó un comercial que pensaba que la distancia salarial era mayor—. No llega ni para pagar la factura de mi móvil.

—Pues coge tarifa plana —dijo una voz en tono de burla.

Unas cuantas risas dieron a la sala algo de la calidez que debería tener una cena de compañeros. Justo entonces, Ángel guiñó un ojo a una de las señoras de la ONG, que se levantó con autoridad y declaró:

—Tal vez cincuenta y pico euros no les lleguen a algunos para pagar la factura del móvil, pero en nuestras manos pueden servir para llenar la nevera durante casi dos semanas a una persona mayor sin recursos.

En la mesa se hizo un silencio sepulcral. Unos y otros se sentían incómodos, incluso avergonzados por haber alargado aquel conflicto tanto tiempo cuando otras personas carecían de lo más básico para vivir.

La segunda mujer de la ONG aprovechó el momento para levantarse y añadir:

—Puesto que el problema parece estar en esta cantidad que separa a unos y a otros, los que quieran equipararse a los de abajo pueden donar mensualmente esa cantidad a nuestra institución. Entre todos podéis sacar de la miseria a quince vecinos necesitados. ¿Qué me decís?

8.ª LEY DEL TRIUNFADOR HUMILDE

No hay mayor riqueza que trabajar
en beneficio de los demás.

12

LA TABLA DE LA FELICIDAD

Laura regresó de la cena que había obrado el milagro con una mezcla de entusiasmo y tristeza. Tras un par de tímidos ofrecimientos —los de arriba tenían miedo de granjearse enemigos entre los suyos—, todos los comerciales firmaron el donativo mensual que los equiparaba con los del almacén.

El acuerdo, que redundaría en beneficio de quince ancianos, fue celebrado con los mejores vinos de Manuel y la fiesta terminó entre risas, abrazos y lágrimas de los compañeros que se reencontraban.

Al parecer, el aldeano había hecho magia de la buena por segunda vez en menos de un mes. Laura observó incluso que, ante el éxito, tomaba notas en una libreta con grandes letras en la tapa: EL TRIUNFADOR HUMILDE.

«Ese es él», se dijo mientras decidía que aquel sería el título de su reportaje y aquel chico sorprendente, el ejemplo que buscaba.

En un momento de la noche, una de las mujeres de la ONG había contado el siguiente relato a modo de conclusión de lo que había sucedido:

—Cuentan que, hace mucho tiempo, había un sabio tan pobre y mísero que solo se sustentaba de unas hierbas que recogía.

¿Habrá otro más pobre y triste que yo?, se preguntó. Al volver el rostro, halló la respuesta al ver que otro sabio recogía los restos de las hierbas que él arrojaba. Entonces se dio cuenta de lo afortunado que era y alcanzó la iluminación. ¡Cuántos millones de personas se cambiarían por nosotros! Ese es el mensaje. Debemos cultivar la sabiduría de valorar lo que tenemos y no amargarnos con lo que no tenemos.

Laura intentaba aplicarse esa máxima mientras leía por enésima vez el papel que le había regalado aquel chico extraño y fascinante. Sin embargo, aquella sensación ya se había apoderado de ella.

Se había enamorado perdidamente de Ángel, que parecía totalmente inmune a sus encantos. El triunfador humilde no tenía novia conocida ni buscaba pareja, pero al parecer ella no era suficiente para hacerle cambiar de estado.

Los doce principios que alguien había copiado en Budapest eran de Robert Louis Stevenson, el autor de *La isla del tesoro*, y habían contribuido a formar el espíritu de aquel joven.

Laura decidió que los memorizaría, como su amor, para tenerlos siempre presentes a partir de entonces.

1. *Decide ser feliz. Aprende a encontrar placer en las cosas simples.*
2. *Aprovecha las circunstancias. Nadie lo tiene todo, y todo el mundo tiene algún dolor que a la vez mezcla con la alegría de vivir. El truco es hacer que la risa supere a las lágrimas.*
3. *No te tomes demasiado en serio. Nunca creas que estás protegido de las desgracias que les suceden a otras personas.*
4. *No dejes que las críticas te preocupen. No se puede complacer a todo el mundo.*
5. *No dejes que otros establezcan tus normas. Sé tú mismo.*

6. *Haz las cosas que te gusta hacer, pero no te endeudes en el proceso.*
7. *No pidas prestados los problemas de los demás. Las cosas imaginarias son más difíciles de soportar que las reales.*
8. *No compartas enemigos. No guardes rencor. El odio envenena el alma.*
9. *Ten muchos intereses. Si no puedes viajar, lee acerca de otros lugares.*
10. *No gastes tu vida pensando en cosas tristes o errores. Nunca te conviertas en alguien que no supera los problemas.*
11. *Haz lo que puedas por aquellos que son menos afortunados que tú.*
12. *Mantente ocupado en algo. Una persona muy ocupada no tiene tiempo para ser infeliz.*

13

ASCENSO

«La cena de la paz», como sería llamada en adelante, le valió a Ángel un ascenso tan inesperado como celebrado por todos. Aprovechando que la jefa de recursos humanos tomaba la baja maternal, fue puesto en su lugar para velar por que siguiera reinando la armonía.

Tras su último despliegue de imaginación y sentido común, además, el gerente se había fijado en él y cada tarde le comentaba todos los temas que afectaban a la buena marcha de Aquasprit.

—Por allí por donde pasas —le dijo una tarde—, todo parece resolverse con facilidad y las cosas mejoran. ¿Cuál es tu secreto? Dicen que vienes de una aldea y que no tienes estudios, pero he llegado a pensar que dices eso solo por modestia, ya que no te gusta incomodar a los demás. Pienso que tienes un máster en alguna universidad norteamericana, pero que te disfrazas de chico sencillo para parecer normal.

—Soy normal —insistió Ángel aflojándose un poco el nudo de la corbata.

Como jefe de personal, ahora estaba obligado a ir con traje, pero le costaba sentirse a gusto con aquella incómoda indumentaria.

—En un mundo lleno de fanfarrones, eso te honra —dijo el gerente—, pero tienes un don que no sabría explicar.

—Llamo a las cosas por su nombre y me guío por el sentido común, como me enseñó mi abuelo. Es todo. Eso y no hacer daño a los demás. Y si, aparte de no dañar, puedes hacerle un favor a alguien, entonces la felicidad es completa.

El gerente miró con admiración al que se había convertido en su delfín. Luego su mirada fatigada se posó sobre unas hojas de cálculo. Murmuró algo para así antes de explicar:

—Necesito que me ayudes en un tema que está poniendo a nuestra empresa en desventaja frente a los competidores.

—Soy todo oídos.

—Por eso me gusta explicarte las cosas, Ángel, porque sé que primero escuchas y luego hablas. El tema es el siguiente: el negocio del agua mineral cada vez se complica más, porque han surgido competidores hasta de debajo de las piedras. Marcas líderes de refrescos que hasta ahora se dedicaban solo a lo suyo compran envasadoras de agua y obligan a las tiendas a venderla, si quieren mantener condiciones ventajosas con su producto estrella. ¿Sabes lo que eso significa?

—Significa que Aquasprit cada vez tiene más problemas para colocar sus productos.

—Bingo. Nuestros clientes minoristas son fieles, pero ante las presiones de estos usurpadores, nuestras aguas cada vez están más lejos de las cajas registradoras. Día a día nos ponen más atrás, con lo que las ventas caen y los comerciales tienen pedidos cada vez más pequeños. Algunos puntos de venta han empezado incluso a prescindir de nosotros.

Tras esta exposición de los hechos, se hizo un silencio entre el gerente y el joven jefe de personal, que finalmente preguntó:

—¿Cómo puedo ayudar?

—Los comerciales, que cobran parte de su sueldo a comisión, están muy desmotivados. Habría que encontrar la manera de devolverles la ilusión y el coraje.

—Bueno…, habría que empezar diciéndoles a los comerciales todo lo que hacen bien —apuntó Ángel—. Si primero ponemos de relieve sus fortalezas, estarán preparados para escuchar qué puede hacerse mejor.

—Me parece muy buen enfoque. ¿Podrías redactar una hoja de ruta inspiradora para orientarlos?

9.ª LEY DEL TRIUNFADOR HUMILDE

Reconocer y potenciar esfuerzos, cualidades y valores resulta mucho más efectivo que señalar fallos, debilidades y defectos.

14

EL BUEN COMERCIAL

Todos somos vendedores; quien no sabe venderse y vender... ¡qué poco sabe!

Toda empresa vive de vender y, ahora más que nunca, para seguir en el mercado hay que vender.

Según un reciente estudio de la revista *The Economist*, el 95 % de las redes comerciales no aporta resultados óptimos. Esto es muy grave, teniendo en cuenta la crisis económica que padecemos.

En estos momentos se necesitan vendedores altamente cualificados con una formación integral. Porque un pequeño incremento en la productividad de los comerciales no solo puede suponer la supervivencia de la empresa, sino ponerla a la cabeza del mercado.

Hay que renovarse, no vale hacer lo de siempre. Veamos cómo está el patio en catorce puntos:

El entorno, la situación, ha cambiado, y el comprador de hoy tiene más conocimientos y formación, ideas más claras sobre lo que quiere y lo que no.

Respaldado por las nuevas tecnologías, los procedimientos de compra son distintos, así como las presentaciones.

Hay que abandonar formas obsoletas de vender, como la

estrategia «producto-precio» de ofrecer la improvisada promoción de la semana para forzar la venta y endosar el pedido como sea. El vendedor locuaz, extravertido, poco organizado y menos escrupuloso ya no es para estos tiempos. Hay que gustar y seducir con educación y estilo.

Mandar al comercial a vender con un catálogo valía antes, pero ahora es contraproducente, pues da una mala imagen de la empresa. Este tipo de vendedor se ve obligado a concentrarse en el producto que tiene prioridad, en detrimento de conocer al cliente y lo que le gusta.

El grado en que el comercial ofrezca el producto y entienda a sus clientes y consumidores marcará el éxito de ventas.

El comercial del siglo XXI está condenado a reinventarse constantemente. Quejarse y lamentarse y cargar sobre la crisis solo lleva a crear «pensamientos barrera» y actitudes negativas. Solo manteniendo como constante una actitud positiva consciente y entusiasta se logra vender y ser eficaz.

Debe reponerse de la negatividad reinante y ser más «seriamente combativo» para no perder la confianza y el entusiasmo tras el rechazo.

Hoy día es básico tener una gran preparación psicoemocional con capacidad para la autogestión, extraordinaria proactividad y fortaleza para encajar la pérdida de clientes y de rentas. El buen comercial debe seguir adelante asimilando la incertidumbre y los riesgos bajo el lema «El que resiste gana».

El comercial «se hace» con la experiencia y la permanente capacitación, como un corredor de fondo. Debe conocer perfectamente el producto y a los clientes con sus motivaciones y deseos, así como la competencia. Necesita conocer todos los entresijos de la comunicación, con una escucha atenta y seductora, y habilidades para negociar.

Debe perder el miedo, ser innovador e imaginativo para encontrar soluciones, posiblemente atrevidas, pero que satisfagan las demandas del cliente.

El vendedor tiene que estar altamente motivado y sentirse importante, porque su profesión es mágica, de avanzadilla y esencial. Él o ella es la imagen de la empresa y quien tiene la destreza de convertir el producto en dinero.

Debe ser experto en inteligencia emocional, pues el comercial aporta valores. Su información, estilo, comentarios y forma de proceder como profesional son fundamentales para que el proyecto tenga éxito. La decisión de compra dependerá de la forma en la que se implique y la confianza que suscite.

Hay que desarrollar la cooperación entre las distintas áreas de negocio, fijando objetivos que puedan ser controlados por todos y en los que se impliquen, además de «ventas», finanzas, gestión y logística.

IMPORTANTE: nunca hay que ir con la idea de hacer una venta, sino de ganar a un cliente.

15

LAS TRES CANDIDATAS

Cuatro meses después de haber sido ascendido a jefe de personal, el «triunfador humilde», como se le empezaba a conocer en la empresa, recibió una noticia que hubiera inquietado a cualquier otro trabajador de veintidós años. El gerente había sido designado por los principales accionistas para dirigir la expansión de la marca en Sudamérica.

Durante el tiempo en el que su jefe estuviera fuera, recaería sobre Ángel la responsabilidad de todo lo que sucediera en aquella planta embotelladora.

Nada más empezar tendría que tomar una decisión de orden práctico. El gerente se había llevado a su secretaria para «hacer las Américas», con lo cual la plaza había quedado vacante. Pese a que Ángel había insistido en que no necesitaba a nadie, la jefa de personal —que había vuelto de su baja por maternidad— ya había seleccionado a tres candidatas para el puesto.

La primera era una muchacha de madre inglesa que hablaba fluidamente cinco idiomas y había estudiado en la mejor escuela de secretariado de Bruselas. El nuevo gerente ocasional de Aquasprit la desestimó al considerar su perfil demasiado técnico.

—Busco seres humanos, no robots programados para hacer

un número determinado de funciones —informó a la jefa de recursos humanos.

La segunda candidata era una mujer de porte autoritario con experiencia en tres multinacionales de primer nivel. En la entrevista le hizo saber que estaba acostumbrada a ejecutar órdenes de su jefe, por duras que fueran, y que no había cogido jamás una baja en veintidós años de profesión.

Después de la entrevista, Ángel volvió a reunirse con la jefa de recursos humanos y le dijo que tampoco era aquel el perfil que buscaba.

—Quiero alguien que inspire confianza, no miedo.

—Pues habrá que esperar a una nueva criba —dijo la jefa de personal—, porque no creo que la tercera candidata reúna los requisitos para el puesto. ¿La mando a su casa?

—Ni hablar. Hazla pasar. Solo por el hecho de haber esperado merece ser recibida.

—Como quiera.

Un minuto después llamaron a la puerta del despacho. Tras el «adelante» de rigor, entró con pasos inseguros una joven de veintiún años con los ojos muy abiertos y una sonrisa tímida.

—Ah…, eres tú —sonrió Ángel al ver a la periodista a la que había atendido en La Forja del Gato—. Siéntate, por favor. ¿Me puedes decir cuál es tu experiencia como secretaria de dirección en una gran empresa que empieza a traspasar fronteras?

—Ninguna. Si fuera un chico, diría que estoy acojonada… Aparte de eso, soy una esponja. Vengo dispuesta a aprender rápido. Lo que haga falta y más.

Ángel estudió con simpatía a aquella joven de mirada intensa y decidida. No necesitó ni cinco segundos para responder:

—El puesto es tuyo.

10.ª LEY DEL TRIUNFADOR HUMILDE

Aceptarse tal como uno es
supone un primer paso para crecer
y actuar con éxito.

16

UNA PROPUESTA

Los días fueron pasando y Ángel asumió su nueva responsabilidad con la misma sencillez con la que había cuidado del huerto en su aldea, servido comidas en La Forja del Gato y movido palés en el almacén de Aquasprit.

Como jefe de recursos humanos, se había esforzado en conocer a cada uno de los trabajadores de la planta, así que el nuevo gerente podía poner rostro a todos.

Por su parte, Laura se había adaptado rápidamente a su nueva misión y no se le escapaba ningún detalle del día a día. Cada jornada repasaba con su jefe las reuniones y objetivos fijados, recibía informes de los comerciales, filtraba el correo electrónico y atendía todos los pormenores de Aquasprit.

Había dejado la revista de barrio en manos de otra becaria, a la que había prometido entregar aquel reportaje si algún día llegaba a terminarlo.

Y lo cierto era que se encontraba en el mejor lugar para radiografiar al triunfador humilde. Si no había concluido su reportaje, era porque procuraba mantenerse activa durante todo el día. Eso le servía para alejar de su pensamiento lo único que la torturaba: el flechazo que había sentido por Ángel desde el día en que le vio por primera vez.

Ahora que era su secretaria, aquel sueño se había vuelto imposible. Nunca le habían gustado las historias de empleadas que se lían con sus jefes. Por otra parte, Laura quería demostrarle que era una profesional intachable. Sería su manera de devolverle la confianza que había depositado en ella, pese a no tener preparación ni experiencia en el cargo. No podía saltarse esa distancia intentando llevar la relación fuera de los límites de la oficina.

Mientras elaboraba un dosier para la próxima reunión de comerciales, Laura pensaba en todo esto. Ángel había bajado al almacén para probar unas nuevas carretillas que tenían que agilizar la entrada y salida de mercaderías.

Cuando regresó, ella notó una sombra de preocupación en su cara. Por primera vez desde que trabajaban juntos, lo vio taciturno. Ella no se atrevía a preguntarle qué le ocurría, así que siguió trabajando mientras vigilaba de reojo todos sus movimientos.

Poco después de la una del mediodía, el joven gerente se quedó mirándola fijamente y le dijo:

—Disculpa que te moleste. ¿Puedo hacerte una pregunta personal?

—Claro que sí… —repuso insegura—. ¿He hecho algo mal?

—Al contrario, pero a veces tengo la impresión de que estoy arruinando tu carrera de periodista, teniéndote aquí atada ocho horas al día.

—Me encanta trabajar contigo —se sinceró mientras notaba un repentino calor en las mejillas—. De todos modos, no tenía perspectivas de trabajo antes de que me dieras esta oportunidad. Solo lamento una cosa…

—¿Qué cosa? —dijo Ángel, apoyado en la ventana del despacho.

Tras dudar un instante, Laura explicó:

—En la revista donde trabajaba ya hay una persona que ocupa mi lugar, pero me gustaría terminar el artículo que empecé a escribir. Es por ese reportaje que fui aquella mañana a entrevistarte al restaurante. ¿Te acuerdas?

—Perfectamente —sonrió Ángel, que no había olvidado la primera vez que había visto a aquella chica.

—Mi artículo trata sobre una nueva clase de liderazgo… Ahora que tengo la suerte de trabajar aquí, contigo, me pregunto si te molestaría que de vez en cuando te haga alguna pregunta sobre el tema. Buscaba a alguien como tú… y ya lo he encontrado —confesó.

—Puedes preguntar todo lo que quieras —rio Ángel—. Te dejaré incluso una libreta donde voy anotando lo que me inspira el día a día. A cambio necesito tu opinión sobre algo que me trae de cabeza. ¿Aceptarías comer conmigo en La Forja del Gato?

11.ª LEY DEL TRIUNFADOR HUMILDE

Cada día contiene 1440 minutos
para soñar, trabajar y aprender:
aprovéchalos sean cuales sean tus circunstancias.

17

TODOS SOMOS NECESARIOS

Ángel y Laura fueron paseando bajo un sol primaveral hacia aquel restaurante donde se había *forjado* la nueva etapa de la empresa, mucho más humana y soleada que la anterior.

Mientras caminaba al lado de su jefe, ella trataba de entender a aquel triunfador humilde que le inspiraría buena parte de su reportaje. Le asombraba que pese a su nueva posición, que le obligaba a vestir traje, tener secretaria y chófer —aunque casi nunca lo usaba—, nada en él parecía haber cambiado.

Seguía bromeando con sus antiguos compañeros de almacén y hablaba sin abandonar nunca la sencillez y la modestia.

Al encontrar a su antiguo patrón, bajo cuyo techo seguía viviendo, a la puerta del restaurante se fundió con él en un abrazo antes de preguntarle:

—¿Hay mucha cola?

—Tengo una docena de personas esperando mesa, pero trataré de colaros.

—Ni hablar —dijo el chico muy firme—. Esperaremos nuestro turno, como todos los demás.

Un cuarto de hora después, Ángel y Laura compartían mesa con la informalidad de dos amigos acostumbrados a hablar de cualquier cosa.

—¿Qué es lo que querías preguntarme? —abrió fuego ella, deseosa de saber el motivo de aquel almuerzo.

Ángel se frotó la barbilla antes de empezar:

—Esta mañana, mientras probaba las nuevas carretillas mecánicas, me he dado cuenta de algo importante. Hay mozos que llevan más de diez años, algunos incluso veinte, haciendo el mismo trabajo monótono. Eso me preocupa.

—¿Por qué? Alguien tiene que hacerlo. Seguro que la mayoría, sobre todo los más veteranos, se sienten muy contentos de tener un trabajo fijo y bien remunerado en los tiempos que corren.

—Es posible, pero ¿cómo podemos saber si son realmente felices viniendo a trabajar? No me gusta la idea de que acudan por pura resignación, solo porque necesitan cobrar un sueldo a final de mes.

Mientras la ágil camarera servía los primeros, Laura meditó qué podía responder a aquello. No entendía adónde quería ir a parar su jefe. Finalmente contestó:

—Hay trabajos más aburridos que otros, eso es así. Pero todos son necesarios. Para que nosotros podamos programar los objetivos del año y los comerciales puedan recoger sus pedidos, otros tienen que dar salida al agua.

—Me gusta eso que has dicho: «todos son necesarios» —repitió Ángel—. La pregunta es: ¿qué podemos hacer para que sepan que sabemos que son necesarios?

—Pues no lo sé…, ¿decírselo? —Laura se aguantó una risita ante aquella idea tan obvia—. Tal vez podamos redactar una circular para todos los empleados en la que agradezcamos el esfuerzo que hacen cada día.

—No estaría mal, pero a la gente no le gustan los mensajes generalizados. Yo mismo, por ejemplo, nunca contesto a un correo privado que haya sido enviado a muchos remitentes a la vez. Pero me está yendo muy bien hablar contigo, porque siento que se va disipando la niebla en este asunto. Tenemos que pensar algo para que cada trabajador sienta Aquasprit como algo muy personal.

—Pensaremos —sonrió Laura.

—Mientras tanto —dijo Ángel olfateando el segundo plato—, ¿qué te parece si hacemos al personal un test de la felicidad?

12.ª LEY DEL TRIUNFADOR HUMILDE

Ser cercano y accesible genera un tsunami
de complicidad, entusiasmo y misión compartida.

18

LOS HÁBITOS DEL TRIUNFADOR HUMILDE

Laura entró por sorpresa en la redacción de la revista mientras el administrativo repasaba la lista de impagados. Antes de entablar conversación con su antiguo compañero, miró con nostalgia el viejo PC donde había iniciado el artículo que ahora se disponía a continuar.

—¿Qué tal con la nueva becaria?

—Es muy divertida —se limitó a decir—. Está todo el día colgada al teléfono hablando con su novio y con sus amigas. La verdad es que me concentraba más cuando estabas tú.

—¿Puedo usar el ordenador? Quiero retomar el artículo en el punto en el que lo dejé.

—Todo tuyo. De cualquier forma, creo que tu sucesora solo lo usa para conectarse a Facebook.

Laura sonrió mientras abría el documento que algún día se publicaría en aquella revista que de repente le parecía un valioso escaparate. «Para que todo esto cambie, hay que empezar a hablar del triunfador humilde», se dijo al tiempo que leía las notas que había apuntado sobre los hábitos de su jefe, así como los consejos que él daba al personal.

1. *Compórtate como empresario y gestor en la parcela en la que*

trabajas. Para lograr la excelencia, debes asumir que eres el presidente ejecutivo de tu tarea, tanto si trabajas en el departamento de recursos humanos como si te ocupas de la limpieza.

2. *Busca la excelencia en algo y deja tu huella personal*, por humilde que sea, a tu paso por el mundo. Debemos ser conscientes de que la vida es una maravilla en la que tenemos la oportunidad de desplegar nuestras posibilidades.
3. *El triunfador humilde practica con su vida y sus actitudes*. Se muestra con la sencillez de un aprendiz, pero hace de su vida un claro mensaje que inspira y alienta a los demás a ser mejores personas, más sensatos y felices.
4. *Somos solo una pequeña hebra en el gran tapiz del mundo*, cada una con su propio color y textura. Por eso debemos dejar huella y el recuerdo más bello posible de nosotros mismos a los demás.
5. *Proporciona a los demás todo aquello que deseas tener y disfrutar tú mismo*. ¿Quieres para ti más respeto, admiración, valoración, comprensión, simpatía, halagos, muestras de cariño y amistad? Empieza por regalarles a los demás todas estas formas de pensar, de sentir y de gozar de tu respeto.

Laura interrumpió un momento la redacción para consultar su correo electrónico. Se había enviado a sí misma unos cuantos documentos sobre el «triunfador humilde» que podía utilizar en su artículo.

Como si al pensar en su jefe hubiera tirado de un hilo que comunicaba con otro extremo de su tapiz cotidiano, justo en ese momento entró un correo electrónico de Ángel.

Querida Laura:

Estoy dándole vueltas a lo del test de la felicidad. El guarda del parquin, que es un hombre muy ilustrado, me ha dicho que un escritor, Marcel Proust, tenía un cuestionario sobre eso. Ha prometido conseguirme esas preguntas para mañana.

Otra cosa: creo que tengo una idea para que todos los empleados de Aquasprit, del primero al último, se sientan parte importante de esto. Mañana te lo cuento.

Disculpa que te hable de trabajo en tus horas libres. Será que te echo de menos ;-)

Gracias por estar aquí,

Ángel

P. D. He estado pensando en tu artículo y he recordado unos cuentos que me contaba mi abuelo sobre Nasrudín. Era un sabio de Oriente Medio que se disfrazaba de tonto para ilustrar a los demás. Te adjunto uno de esos cuentos por si quieres citar a este personaje. Trata sobre la necesaria generosidad y los que abusan de ella. Espero que te haga sonreír :-)

19

LA SOPA DE PATO DE NASRUDÍN

Cierto día, un campesino fue a visitar a Nasrudín atraído por la gran fama de este y deseoso de ver de cerca al hombre más ilustre del país. Le llevó como regalo un magnífico pato.

El sabio, muy honrado, invitó al hombre a cenar y pasar la noche en su casa. Comieron una exquisita sopa preparada con el pato.

A la mañana siguiente, el campesino regresó a su campiña, feliz de haber pasado algunas horas con un personaje tan importante.

Algunos días más tarde, los hijos de este campesino fueron a la ciudad y a su regreso pasaron por la casa de Nasrudín.

—Somos los hijos del hombre que le regaló un pato —se presentaron.

Fueron recibidos y agasajados con sopa de pato.

Una semana después, dos jóvenes llamaron a la puerta del sabio.

—¿Quiénes son ustedes?

—Somos los vecinos del hombre que le regaló un pato.

El sabio empezó a lamentar haber aceptado aquel pato. Sin embargo, puso al mal tiempo buena cara e invitó a sus huéspedes a comer.

A los ocho días, una familia completa pidió hospitalidad al sabio.

—Y ustedes, ¿quiénes son?

—Somos los vecinos de los vecinos del hombre que le regaló un pato.

Entonces el sabio hizo como si se alegrara y los invitó al comedor.

Al cabo de un rato, apareció con una enorme sopera llena de agua caliente y llenó cuidadosamente los tazones de sus invitados.

Después de probar el líquido, uno de ellos exclamó:

—Pero... ¿qué es esto, noble señor? ¡Por Alá que nunca habíamos visto una sopa tan desabrida!

El sabio Nasrudín se limitó a responder:

—Esta es la sopa de la sopa de la sopa de pato que con gusto les ofrezco a ustedes, los vecinos de los vecinos de los vecinos del hombre que me regaló el pato.

20

EL CUESTIONARIO PROUST

El viernes por la mañana, Laura acudió a la oficina con más entusiasmo aún del habitual. Debía reconocer que le había gustado recibir un correo fuera de horas de su jefe. Ángel era muy respetuoso con el tiempo libre de su equipo, así que ella había interpretado aquel mensaje como un interés que iba más allá de lo profesional.

Esta ilusión la acompañó los primeros compases de la mañana —le gustaba llegar siempre un poco antes que Ángel—, hasta que vio entrar a su jefe leyendo un folio impreso con el ceño fruncido.

Laura hizo un intento de conectar con la intimidad que transpiraba aquel correo, en el que le decía que la «echaba de menos» y esperaba obtener de ella una sonrisa. Por este motivo fue directa a aquel relato oriental tan sorprendente.

—¿Cuál es la enseñanza de Nasrudín? —le preguntó.

Ángel le dedicó una sonrisa triste —definitivamente, algo le pasaba— antes de responder:

—¿Te refieres a la sopa de pato y al hecho de que al final sirva a los gorrones un bol de agua caliente?

—Sí, supongo que la lección que les da es que la generosidad tiene un límite. Por eso no les da nada.

—En eso no estoy de acuerdo. Les regala algo más importante que una espesa sopa de pato: les hace darse cuenta de que están viviendo de la generosidad de otro, el primero que regaló el pato al sabio. Decir las cosas que cuesta decir, si son por el bien ajeno, es el regalo más grande que podemos hacer a alguien.

Dicho esto, Ángel calló y desvió la mirada hacia la ventana, como solía hacer su predecesor cuando le asaltaba la melancolía. Luego volvió los ojos al papel que llevaba en la mano y explicó a Laura:

—Tengo aquí el cuestionario. Me lo acaba de pasar el vigilante del parquin. Dice que el tal Proust no lo escribió, sino que solo fue uno de los entrevistados. ¿Quieres que hagamos la prueba? ¿Te apetece hacer de conejillo de Indias?

—Adelante, dispara —repuso ella muy alegre—. Pero te advierto que pienso decir lo primero que se me pase por la cabeza.

—De eso se trata. Vamos con la primera pregunta: ¿cuál es para ti el colmo de la desdicha?

—Envejecer sin llegar a ser amada.

—¿Y tu idea de la felicidad completa?

—Vivir cerca de mis seres queridos con la convicción de ser útil en el mundo.

—¿Cuál es tu personaje histórico favorito?

—No me gustan los personajes históricos. ¿Puede ser alguien de ahora, que esté aquí mismo?

Esa respuesta-pregunta tan directa puso nervioso a Ángel. Su secretaria se arrepintió inmediatamente de haberse tomado aquellas confianzas, aunque le resultaba difícil andarse con rodeos ante preguntas así.

—¿Qué cualidad prefieres en un hombre?

—La sensibilidad.

—¿Y en una mujer?

—La fortaleza.

Ángel la observó admirado. Se notaba que le gustaban aquellas respuestas. Luego volvió a la carga:

—¿Quién te habría gustado ser?

—No lo sé. Supongo que aquella persona que en algún momento de mi vida me prometí ser y que aún no he logrado cumplir.

—Muy bien... Ya solo faltan tres preguntas, he descartado alguna para que el cuestionario no sea tan largo. ¿Cuál es el rasgo principal de tu carácter?

—Acepto la derrota con demasiada facilidad.

—¿Y tu ocupación favorita? —añadió Ángel mirándola con preocupación.

—Cualquiera en la que se requiera la capacidad de amar.

—¿Cómo te gustaría morir?

—En medio de un ataque de risa.

Para asombro de Laura, aquella respuesta estúpida provocó en su jefe una gran carcajada. Y estaba segura de que no era por la brillantez de sus respuestas.

De repente, se sintió ridícula por haberse mostrado tan transparente con la persona con la que menos debía, así que recondujo la situación diciendo:

—Yo que tú no pasaría este cuestionario a los empleados. No tiene mucho que ver con la felicidad, o como mínimo no sirve para medirla.

—En eso te doy la razón.

13.ª LEY DEL TRIUNFADOR HUMILDE

Ya que no puedes conducir dos coches
ni llevar dos vidas a la vez,
trata de vivir la tuya.

21

LAS ETIQUETAS

Aquel viernes por la tarde se había convocado una reunión para relanzar la marca, ante el acoso de los nuevos competidores. Al mismo tiempo, en el orden del día estaba cómo conseguir que los trabajadores se sintieran más implicados con la empresa.

Parecían dos objetivos muy distintos, pero el joven gerente inició su charla tratando de convencer a los reunidos de que en realidad se trataba de una misma cosa. Si lograban que cada empleado de Aquasprit sintiera que la empresa era su casa, entre todos lograrían remontar las ventas y ocupar el lugar que merecían en los puntos de distribución.

—El problema es que el presupuesto de publicidad ya se ha cubierto con los anuncios de la última campaña de televisión —dijo la jefa de márquetin.

—No necesitamos hacer más publicidad a precio de oro —replicó Ángel bajo la atenta mirada de su secretaria, que tomaba notas de la reunión—. De lo que se trata aquí es de humanizar la marca. El consumidor debe sentir Aquasprit como algo suyo, de toda la vida. Solo así nos será fiel.

—¿Y cómo se consigue eso? —preguntó el jefe de ventas, que no había visto con buenos ojos que un joven inexperto llevara las riendas de la empresa.

—Empezando por nosotros mismos. Si no nos creemos todos que nuestra agua es la mejor, y cuando digo todos incluyo desde los vendedores hasta los mozos de almacén, cualquier mensaje que demos será artificial. Por eso he pensado en un nuevo etiquetado que hará Aquasprit más cercano a los clientes..., pero sobre todo conseguirá hacerlo más cercano a nosotros.

—¡Por el amor de Dios! —exclamó la jefa de márquetin—. Cambiamos las etiquetas hace solo seis meses. La agencia de publicidad cobró una fortuna por el rediseño.

—Y curiosamente ha coincidido con nuestra mayor bajada de ventas. Señal de que no estamos transmitiendo el mensaje adecuado. Laura y yo hemos pensado en una solución mucho más sencilla y directa para que los nuestros se sientan orgullosos de Aquasprit y los clientes nos vean como parte de su familia. ¿Has traído la muestra?

Todas las miradas se posaron en la secretaria, que desenvolvió una botella de litro y medio con el prototipo de la nueva etiqueta. La hizo girar para que pudieran contemplarla. Por delante aparecía el logo habitual de la marca. La novedad estaba detrás, donde se veía a un hombre obeso apoyado en un palé de garrafas con un vaso de agua en la mano.

—Pero... ¿ese no es Gutiérrez? —dijo escandalizado el jefe de logística—. ¿No es el tipo al que estuvimos a punto de echar por quedarse dormido en el almacén?

—Es solo una muestra —apuntó Laura llevando la voz cantante—. La idea es imprimir sesenta modelos de etiqueta diferentes, una por cada empleado del almacén o de oficinas. Saldrán siempre tomando un vaso de agua. De Aquasprit, por supuesto.

—Me parece una estupidez —se atrevió a decir la de márquetin, como si aquello hubiera sido idea de la secretaria—. Imprimir sesenta etiquetas diferentes, aunque las mezclemos aleatoriamente en las máquinas, solo conseguirá encarecer costes y dará una imagen poco seria de la marca. ¿Quién comprará una garrafa con un gordo detrás tomando agua?

—Mucha gente que identificará a ese hombre humilde con su padre, su tío o su hermano —explicó el gerente sin perder la calma—. Después del duro trabajo, se está tomando un merecido vaso de agua. En cualquier caso, le resultará más familiar que una modelo con cintura de avispa. ¿Por qué no lo intentamos y vemos lo que pasa?

14.ª LEY DEL TRIUNFADOR HUMILDE

Solo quien se valora y respeta a sí mismo,
sin compararse con nadie,
logra el amor y el respeto de los demás.

22

Y AHORA ¿QUÉ?

«La campaña de los feos», como habían bautizado la operación sus detractores, resultó ser un éxito sin precedentes.

Al principio, los vendedores se lo tomaron a guasa, pero a los tenderos les llamó la atención que por fin apareciera gente normal, como ellos, en las etiquetas. Viendo que aquello tenía gancho, los comerciales más avispados se informaron de quién era cada uno de aquellos personajes y contaban a sus clientes anécdotas del tipo:

«Esta es Rosa, que acaba de volver al trabajo después de tener gemelos. Solo utiliza nuestra agua para preparar sus biberones».

O «Luismi es un mozo de almacén que le daba demasiado al vinacho antes de esta campaña. Ahora toma Aquasprit allí donde va, porque todo el mundo le reconoce como bebedor de agua».

O bien «Aquí está Rebeca, una estudiante de Biología que trabaja a media jornada. Ha analizado nuestra agua mineral y dice que no hay diferencia con las muestras que pueden recogerse en el manantial más puro».

Muchas de estas anécdotas eran inventadas, ya que los vendedores no podían retener sesenta vidas en la cabeza, pero dieron a la marca el aire de familiaridad y cercanía que buscaba Ángel.

Por otra parte, los empleados de Aquasprit estaban entusiasmados con su inesperado protagonismo. En la red había blogs de coleccionistas de aquellas etiquetas y más de un trabajador había sido reconocido por la calle. Ante la pregunta: «¿Eres el / la del agua mineral?», respondían afirmativamente con gran orgullo.

Tal como había previsto Ángel, el rendimiento de la plantilla aumentó exponencialmente, porque todos se tomaban el producto como algo muy personal. Los telefonistas presionaban a los vendedores para que dieran salida al máximo de stock, y en el almacén se trabajaba a un ritmo frenético para que la mercancía no dejara de llegar a los puntos de venta.

En Aquasprit no solo se trabajaba más y mejor, sino que el índice de felicidad y autoestima rayaba niveles muy altos. Ni siquiera había sido necesario pasarles un test de felicidad. Se podía leer en las caras de los trabajadores que les encantaba estar allí.

Curiosamente, todos estaban felices por la buena marcha de la empresa excepto Ángel, que cada día tenía el ánimo más sombrío.

Su secretaria no entendía aquella transformación, y trataba de animarle a diario dejando sobre su mesa informes con el incremento de las ventas, así como felicitaciones por parte de supermercados y minoristas por aquella campaña llena de humanidad.

No obstante, una vez conseguido aquel éxito, Ángel parecía haberse desinteresado y apenas participaba de las celebraciones.

Laura empezó a temer que su jefe estuviera enfermo pero no quisiera comunicar cuál era su mal.

No andaba desencaminada. El triunfador humilde era presa de una terrible enfermedad: se aburría. Así como había levantado el restaurante de Manuel y luego lo había dejado, no tenía sentido continuar al mando de una empresa que ahora funcionaba, con ayuda de todos, magníficamente.

Necesitaba nuevos retos, y lo cierto era que no le faltaban ofertas de otras empresas. Los *headhunters* habían detectado en la prensa económica aquel insólito caso de éxito y trataban de contactar por todos los medios con el gerente de Aquasprit. Querían ofrecerle cargos mejor remunerados en multinacionales de todo tipo.

Pero no era eso lo que anhelaba Ángel.

Por primera vez, tenía la sensación de haberse perdido. No dejaba de preguntarse: y ahora ¿qué?

Angustiado ante aquella pregunta, decidió ir a buscar a su antiguo patrón a La Forja del Gato.

15.ª LEY DEL TRIUNFADOR HUMILDE

Una vez que alcances la cima, no te aferres a ella
como si fuera un pedestal;
solo debe servirte para mirar más lejos.

23

LA CONFESIÓN

Encontró a Manuel comiendo con el personal —ya eran cuatro en la plantilla— tras otra batalla para contentar a las largas colas de comensales de aquel mediodía. Quien todavía era su casero tenía un aspecto excelente, e incluso había adelgazado.

—¿Cómo es que estás tan pálido? —le preguntó a Ángel al verle entrar—. Por aquí no paran de comentar los logros que habéis conseguido en la planta de envasado de agua. ¡Deberías estar orgulloso!

—No sé qué me pasa —admitió—. Quizás solo esté cansado.

—¡Qué me dices ahora! ¿Cansado tú? En mi vida he visto a nadie con más energía. A ti te pasa otra cosa.

—¿Eso crees? —preguntó sorprendido—. ¿A qué otra cosa te refieres?

Manuel echó una mirada a su equipo, que reía contando anécdotas mientras tomaban los cafés, y señaló una mesa más alejada para que pudieran charlar con calma.

El triunfador humilde le siguió, intrigado por el diagnóstico que tenía en la cabeza quien había sido su jefe. Este le habló en un tono sereno:

—¿Se encuentran bien tus padres? —le preguntó el hostelero dando un rodeo a lo que en realidad quería decirle.

—Muy contentos. Aunque viven muy lejos de aquí, como sabes, han tenido noticias de que las cosas me van bien. Soy yo quien no se siente a gusto ahora mismo. La verdad es que no sé qué me pasa. Es como si me faltara algo.

—Yo sé lo que es —dijo Manuel mirándole con atención—. Esa chica, la periodista. Te has enamorado de ella, ¿verdad? Quizás no te hayas dado cuenta, pero el otro día os observé mientras almorzabais juntos. Estás coladito por ella.

—Puede que sí —reconoció sorprendido de admitir aquello—, por eso necesito irme de aquí y empezar en otro lugar. Fue un error contratarla como mi secretaria. Ahora uno de los dos tiene que irse y prefiero ser yo quien tome el portante. Me cuesta seguir viéndola cada mañana y no…

Manuel suspiró melancólico, como si recordara algo parecido que había vivido muchos años atrás. Luego dijo:

—Te gustaría abrazarla. Decirle que la quieres y que piensas todo el tiempo en ella.

—Eso mismo, pero en mi posición no puedo hacerlo. No está bien que un jefe trate de seducir a su empleada. Es necesario mantener una distancia.

—Bobadas. ¿Tiene novio esta chica?

—No, que yo sepa.

—Puesto que tú también estás sin pareja y tenéis una edad similar, nada más fácil que eso. Le pides una cita fuera del trabajo y le tiras los tejos por la vía rápida. Si te da calabazas, te disculpas y le prometes no incomodarla nunca más.

Ángel proyectó en su mente aquellas escenas, sabiendo que jamás se atrevería a protagonizarlas. Quizás porque había pasado los últimos años en compañía de un anciano, carecía de experiencia alguna con chicas. Aunque quisiera declararse, tampoco sabría cómo hacerlo.

—Te agradezco mucho tus consejos —respondió apesadumbrado—, pero no seré capaz de llevarlos a cabo.

Manuel se puso de pie y, mientras le acompañaba a la puerta, le dijo:

—Estás muy acostumbrado a dar. Pero ha llegado el tiempo de recibir. Tírale la caña a esta chica que tanto te gusta. Si te llevas un planchazo, siempre será mejor que la incertidumbre de qué habría pasado si...

16.ª LEY DEL TRIUNFADOR HUMILDE

La fortuna ayuda a los valientes,
a los emprendedores, a los exploradores.
(Audentes fortuna iuvat.)

24

HAY MUCHO POR LO QUE SONREÍR

De nuevo en la redacción de la revista, aquella tarde Laura se había decidido a cerrar de una vez por todas el artículo sobre el «triunfador humilde». Gracias a haber compartido con Ángel la revolución que había tenido lugar en Aquasprit, ahora podía ahondar en el liderazgo que se necesitaba en tiempos de crisis.

Mientras deseaba que en el mundo hubiera más líderes como su jefe para dar motivación y autoestima a sus empleados, cerró el artículo con los cuatro atributos de esa nueva especie que aún no aparecía en ningún manual de *management*:

El triunfador humilde se distingue por tener bien claro adónde va, cuáles son sus objetivos, y por eso los repasa, organiza y centra toda su atención en ellos cada día.

a. *Atención e intención*, es decir, pensamiento y voluntad se dan cita en primer lugar para conocer en profundidad la meta que se propone.
b. *Pasión, corazón y tiempo* forman el segundo bloque, ya que son ingredientes necesarios que deben acompañar a la acción.

c. *Evaluación y medición*; hay que comprobar a qué ritmo avanzas y progresas para tener claro dónde puedes y debes mejorar.
d. *Autorrealización, gratificación interior*: debes ver en qué medida los objetivos te enriquecen en todos los aspectos.
e. *Mirada al futuro*: no dejes de ver qué nuevos proyectos se te presentan.

Aquel último punto era el que más le gustaba, se dijo Laura. Estaba a punto de tomar una dolorosa decisión: dejaría su trabajo en Aquasprit. Mañana mismo informaría al jefe con todo el dolor de su corazón.

No era que no le apeteciera trabajar con Ángel. El problema era que le gustaba demasiado. A medida que iba conociéndolo, se enamoraba cada vez más de su forma de hablar y actuar. Le gustaba la calidez con la que la miraba, aunque sabía que no tenía ninguna posibilidad con él.

Lo hacía solo por amabilidad, de eso estaba convencida.

Antes o después, una de las telefonistas —acababa de entrar una que parecía una modelo de pasarela— le echaría el lazo y a Laura se le rompería el corazón.

Era mejor salir ahora que aún estaba a tiempo. Huir.

Necesitaba alejarse de Ángel para poder olvidarle. Si seguía viéndolo ocho horas al día, iba a volverse loca. Loca de amor.

Tras enviar el artículo terminado al correo del administrativo, dejó una nota cariñosa en su mesa y fue hacia la parada de autobús para volver a casa. Su trabajo en la revista también había concluido. Una fina lluvia empezaba a caer sobre aquel barrio gris y desangelado.

Una vez sentada en el vehículo, descubrió que un pasajero había olvidado su libro en el asiento de al lado. Era una antología de 365 inspiraciones de autores muy diversos. Fascinada con aquel hallazgo, hojeó los breves capítulos, en los que se citaba a maestros antiguos y modernos.

Le sorprendió que en medio de tantos sabios hubiera una reflexión de Marilyn Monroe. A ella le encantaba como actriz de comedias, pero nunca habría imaginado que pudiera aportar reflexiones profundas para un libro como aquel.

Al empezar a leer, descubrió que estaba equivocada. Fuera por la decisión que había tomado esa misma tarde o por la humilde ternura de aquellas palabras, sintió cómo las lágrimas empezaban a escapar de sus ojos:

Esta vida es lo que hacemos. No importa el qué, a veces erraremos, es una verdad universal. Pero el lado bueno es que somos nosotros quienes decidimos cómo errar. Los niños son nuestros amigos, que actúan de todos modos. Pero recuerda que algunos (amigos) vienen y otros se van. Los que se queden con nosotros a pesar de todo, esos son nuestros amigos de verdad. No hay que dejarlos ir. Recuerda también que los hermanos son los mejores amigos del mundo. En cuanto a los amantes, ellos vienen y se van. Y cariño, me duele decir esto, pero la mayoría de ellos —en realidad casi todos— te van a romper el corazón. Pero no podemos renunciar, porque si nos damos por vencidos, nunca encontraremos nuestra alma gemela. Nunca encontraremos la mitad que hace que todo valga la pena. Solo porque nos equivoquemos no significa que vayamos a fracasar en todo. Sigue intentándolo, espera, y siempre, siempre, siempre, cree en ti mismo, porque si no, ¿quién lo hará, cariño? Así que mantén tu cabeza en alto, y lo más importante, mantén la sonrisa, porque la vida es hermosa y hay mucho por lo que sonreír…

25

LA NOTICIA

Al retirarse aquella tarde a su modesta habitación, en casa del hostelero, Ángel recibió una llamada que supondría un giro definitivo para la incertidumbre en la que estaba viviendo.

Una voz tosca desde algún lejano locutorio se identificó como el primogénito de su abuelo, un tío del que había oído hablar, pero al que nunca había conocido.

—Disculpa que te moleste a estas horas, después de no haber dado señales de vida en todos estos años. Me ha dado tu teléfono mi hermana, es decir, tu madre. Antes de nada quiero agradecerte que cuidaras del viejo los últimos años de su vida.

—No hay de qué. Creo que fueron los mejores años de la mía.

—Fantástico —dijo de forma algo atropellada—, entonces creo que la noticia que te daré te va a encantar.

—¿Cuál es la noticia?

Ángel se puso a la defensiva. Sabía que aquel tío suyo, con el que su abuelo no se hablaba, tenía constantes problemas con la ley. Tras su paso por la cárcel, había estado en paradero desconocido, ya que había muchas personas a las que había estafado y que esperaban ajustar cuentas con él.

—La noticia es que no voy a poder tomar posesión de la casa donde viviste con tu abuelo. Por un problema legal que aún tardará unos años en resolverse, no puedo vender ni alquilar esa propiedad. Y la verdad es que tampoco tengo puñeteras ganas de vivir ahí. A mí me gusta estar cerca del mar.

—Entiendo —repuso Ángel desconcertado—. No sé, entonces, en qué puedo ayudarte.

—Te explico. Esta mañana he estado allí, por si quedaba algo de valor. Y lo cierto es que, desde que está deshabitada, la casa se ha deteriorado muy rápidamente. Si no se instala allí alguien que pueda cuidar de ella, cuando solucione todo este embrollo me encontraré con una propiedad en ruinas. Por eso había pensado... Bueno, tal vez podrías volver allí, como si fuera tu casa. Yo no te cobraría nada y de aquí a un par de años, cuando solucione mis problemillas, volvemos a hablar y tal vez te puedas quedar con ella definitivamente a cambio de muy poco. Mientras tanto, puedes vivir allí como si fuera tuya. ¿Aceptas el trato?

Ángel se quedó boquiabierto ante aquella noticia. Parecía cerrar un círculo que había iniciado al cumplir el deseo de su abuelo de buscar su futuro en la ciudad. Lo cierto era que había ganado suficiente dinero para vivir una temporada. Y podía aplicar su experiencia para empezar algo nuevo en la aldea. Tal vez una cooperativa agraria u otro proyecto que ayudara a aquellas gentes sencillas que tan bien le habían tratado.

Aquella oportunidad le llegaba, además, en el momento óptimo. Había cumplido sus objetivos en el restaurante y en la envasadora de agua que había dejado en tan buena situación.

Podía marcharse tranquilo... sin molestar a aquella chica que le había robado el corazón. Laura podría seguir en la empresa, donde sin duda pronto ocuparía un puesto superior al de secretaria.

—De acuerdo —declaró tras estos instantes de reflexión—. Me encargaré de la casa y hablaremos de aquí a un tiempo. Te agradezco que hayas pensado en mí. Voy a cuidar de ese lugar como si fuera mío, así que no debes preocuparte por nada.

—Eso es lo que quería oír —concluyó la voz al otro lado—. Te tendré informado cuando haya novedades. Según mi abogado, hay para largo. Por cierto, encontrarás la llave en una maceta junto a la entrada.

17.ª LEY DEL TRIUNFADOR HUMILDE

El éxito huye de la comodidad, de las excusas,
del miedo a perder o a equivocarte,
del «qué dirán», de oraciones subordinadas
adversativas como «estaría bien, pero...».

26

TOCAR DE OÍDO

La noticia de su marcha cayó en Aquasprit como un jarro de agua fría. Al enterarse su antiguo jefe, desde Sudamérica, el triunfador humilde fue tentado con un mejor sueldo e incluso con acciones de la empresa.

Pero nada de esto convenció a Ángel, que había decidido iniciar una nueva andadura en aquel terruño que tanto había amado su abuelo. A partir de entonces, los milagros se harían entre ancianos que cuidaban sus huertos y corrales.

El momento más difícil fue despedirse de Laura. Aquella joven por la que suspiraba secretamente no daba crédito a la noticia que estaba en boca de todos esa mañana.

—No debes preocuparte —la tranquilizó—. He hablado bien de ti a nuestro gerente en Sudamérica. En breve te ofrecerán un ascenso. Eres joven e inteligente, así que no dudo de que harás carrera en esta empresa.

—Mi intención no era quedarme aquí —confesó con lágrimas en los ojos—. De hecho, después de entregar mi artículo ayer por la tarde había decidido cambiar de aires.

Mientras pronunciaba esta confesión, Laura se daba cuenta de que, así como no quería seguir trabajando junto a Ángel, tampoco le apetecía seguir en una empresa sin él. Estaba hecha un lío.

El gerente que estaba a punto de dejar de serlo la miró con preocupación y le preguntó:

—¿Has pensado en dedicarte al periodismo, una vez que termines la carrera?

—Quizás… —titubeó—. Lo cierto es que no sé qué hacer con mi vida. Quizás me convenga un cambio también a mí. No lo sé. Como dicen los músicos de jazz, «vamos a tocar de oído».

—Me gusta esa idea —sonrió Ángel, que se resistía a terminar la conversación con ella.

Sabía que cuando se despidieran con dos besos, todo habría terminado. Para alargar el momento y poder contemplar a Laura un poco más, de repente le preguntó:

—¿Qué conclusiones has sacado en tu artículo sobre el triunfador humilde?

—Bueno, he descubierto que ser útil y valioso para los demás es siempre un buen negocio, que el optimismo vence todas las barreras y que solo existen los imposibles que trazamos en nuestra mente.

—Un buen resumen —la felicitó—. Yo no lo hubiera dicho mejor.

—También he escrito que los pequeños cambios son el material de construcción de las grandes transformaciones. En fin, nada que no sepas o no hayas aplicado desde que te conozco —admitió ruborizada—. La verdad es que me hubiera gustado trabajar más contigo, pero ha llegado el momento de que cada cual busque un nuevo camino. Te deseo mucha suerte, Ángel, me ha encantado…

—Espera —le tomó repentinamente la mano—. Antes de que nos despidamos hay algo que me gustaría hacer.

Laura le interrogó en silencio con aquellos ojos que Ángel veía cada noche cuando cerraba los suyos.

—Quiero que me hagas el cuestionario Proust. El papel con las preguntas sigue ahí, sobre mi mesa. Ahora que no soy jefe de nadie, podré contestar lo que me dé la gana.

18.ª LEY DEL TRIUNFADOR HUMILDE

Todos estamos de paso,
todo fluye, nada permanece para siempre,
salvo aquellos seres que forman parte de nosotros.

27

EL CUESTIONARIO PROUST II

—¿Cuál es para ti el colmo de la desdicha? —preguntó Laura, sorprendida de que su jefe quisiera contestar aquel cuestionario antes de despedirse de ella.

—Dejar de verte cada mañana, mediodía y tarde.

Un fogonazo de calor se apoderó de las mejillas de la periodista, sorprendida por aquella respuesta. Para disimular su turbación, leyó rápidamente la segunda pregunta:

—¿Y tu idea de la felicidad completa?

—Vivir en un mundo donde no necesite ser tu jefe para compartir contigo los mejores momentos del día.

«Me está tomando el pelo», se dijo azorada mientras lanzaba la siguiente pregunta:

—¿Tu personaje histórico favorito?

—La Laura a la que conocí cuando vino a entrevistarme a La Forja del Gato.

—¿Eso es histórico?

—Bueno, es historia muy reciente —rio—. ¿Cuál es la siguiente pregunta?

—¿Qué cualidad prefieres en un hombre?

—La sinceridad que estoy teniendo ahora.

—¿Y en una mujer…? —vaciló.

—Que diga abiertamente lo que piensa, aunque sea malo, cuando un tipo como yo se sincera de esta forma ante ella.

«Se ha vuelto loco», pensó Laura sin entender adónde quería ir a parar Ángel con aquel juego. Aún quedaban unas cuantas preguntas, así que tragó saliva antes de seguir:

—¿Quién te habría gustado ser?

—Alguien con menos éxito en los negocios y más facilidad para dar rienda suelta a su corazón.

—Ya veo... —dijo conmovida—. ¿Cuál es el rasgo principal de tu carácter?

—Podría decir la humildad, pero entonces dejaría de ser humilde.

—¿Y tu ocupación favorita? —preguntó anclando su mirada en la de él.

—Estar contigo.

«Me está tirando los tejos, ya no hay duda», se dijo Laura mientras daba un paso hacia él, que a su vez acercó su rostro al suyo. Temblando de emoción por lo que estaba a punto de suceder, la periodista lanzó su última pregunta:

—¿Cómo te gustaría morir?

—En tus brazos, si es posible.

En ese momento sus labios se juntaron, a la vez que sus cuerpos se unían en un largo y deseado abrazo. Luego Ángel le susurró al oído:

—¿Sabes? Supe que me había enamorado de ti al oír tus respuestas al cuestionario.

—Pues entonces el cuestionario Proust sí sirve para medir la felicidad —dijo Laura, sin aliento, mientras estrechaba aún más su abrazo.

19.ª LEY DEL TRIUNFADOR HUMILDE

Quien planta con honestidad la semilla del amor
acaba obteniendo los frutos más dulces.

28

TODO ESTÁ POR HACER

Laura miraba cómo el sol bajaba lentamente por aquellos campos que tanto había amado el abuelo de Ángel. Sentado en el porche de la casa, al lado de su amada, el triunfador humilde se dijo que estaba en deuda con la vida. Tendría que dar el máximo de sí mismo para corresponder a tanta felicidad.

Tras dejar bien cerrada su etapa en Aquasprit, se había despedido de su casero y había tomado el tren con su flamante novia para visitar aquella aldea donde había aprendido todo lo que sabía de la vida.

Laura se había enamorado al instante de aquel plácido paisaje, surcado por bandadas de aves y por amables campesinos que cantaban canciones y les regalaban los mejores productos de su huerta.

—Solo quería que vieras este lugar, porque es muy especial para mí —dijo él mientras acariciaba los cabellos de la joven—. Si encuentras que es demasiado pequeño para vivir, podemos empezar de cero en cualquier otra parte.

—Ningún lugar es pequeño si estoy a tu lado, Ángel. Estoy segura de que aquí seremos felices.

—¿Y si te cansas de tanta tranquilidad? —preguntó él.

—Entonces ya hablaremos. Lo importante es que no te canses

tú de mí —sonrió—. Por cierto, aunque la revista con el monográfico sobre el triunfador humilde ya está en la imprenta, me ha quedado una duda… ¿Realmente eres mago o algo así?

Ángel la miró extrañado y, tras meditar un poco su respuesta, declaró:

—Todos somos magos. Cuando actúa un ilusionista, te muestra una chistera vacía y de la nada acaba apareciendo un conejo. Esa misma magia es lo que podemos hacer en el día a día. El mundo es una chistera y nosotros, los magos que pueden decidir qué saldrá de ahí dentro.

—¡Qué bonito! —dijo Laura—. Eso ha sonado a final de película o de novela.

—O a principio de algo —añadió Ángel—. Mi abuelo me lo decía cada mañana: todo está por hacer.

20.ª LEY DEL TRIUNFADOR HUMILDE

El ser humano más rico
es el que más da
y el que menos necesita.

Anexo

TRIUNFADORES QUE INSPIRAN

NOTA PRELIMINAR

El presente anexo ha sido elaborado para aportar a los lectores de esta fábula ejemplos humanos que ilustran desde distintas facetas los valores del triunfador humilde.

Para ello revisaremos la vida y los logros de grandes referentes empresariales, como el hombre que llevó la automoción al ciudadano común o el fundador de IKEA, así como perfiles de emprendedores de nuestro país. Algunos de ellos han levantado corporaciones de alcance mundial. Otros han conseguido éxitos más modestos, pero no por ello menos importantes.

Todos ellos tienen una dimensión social en su modo de entender la empresa y a los que trabajan a favor de ella.

He añadido también dos testimonios relatados por sus protagonistas —o por sus hijos— que me parecen especialmente significativos en cuanto a valores y afán de superación.

Este cuaderno se cierra con un artículo sobre la inteligencia emocional aplicada a la empresa y a la vida, ya que esa es una capacidad que ningún triunfador humilde puede pasar por alto.

ALGUNOS TRIUNFADORES HUMILDES

ELI BROAD

Eli Broad nació en el Bronx de Nueva York. Sus padres formaban un matrimonio liberal y culto, a pesar de que él era pintor de brocha gorda y ella, modista, ambos inmigrantes lituanos.

Desde estos humildes inicios, Broad posee en la actualidad una de las mayores constructoras del mundo y su fortuna es inmensa. Pero su pasión siempre ha sido el arte.

Todo empezó gracias a su esposa, que poco a poco le fue introduciendo en el mundo de los artistas. En un principio adquirían obras de pintores del siglo XIX, pero muy pronto se decidieron a coleccionar obras de autores contemporáneos. Esto se debe a que Eli Broad disfruta conociendo a los artistas, ya que opina que aprende muchas cosas de ellos. Es una información que no recibe jamás en el mundo de los negocios, rodeado de banqueros y agentes de bolsa.

Eli Broad se ha especializado en el arte posterior a la Segunda Guerra Mundial porque considera que a menudo se menosprecia y no se entiende a los artistas contemporáneos. Curiosamente, los que no se interesan por este tipo de arte son admiradores de los impresionistas franceses, por poner un ejemplo. Sin embargo, esos artistas del XIX también fueron incomprendidos por sus coetáneos. Al darse cuenta de esto, Broad decidió que es mejor ayudar y apoyar a los artistas actuales que a los que ya han fallecido.

El matrimonio Broad cree que hay que compartir el arte. Coleccionar no puede consistir en almacenar objetos de arte. Por eso, ellos son los primeros en prestar sus obras a otras instituciones para que lleguen a ser admiradas por cada vez más personas que las sepan valorar.

La fundación que han creado no solo se dedica a promover el arte, sino también la educación. Eli Broad considera que el sistema universitario de los Estados Unidos es el mejor del mundo, pero que, sin embargo, es un auténtico desastre en lo relativo a la enseñanza primaria. Por esa razón este matrimonio de filántropos invierte mucho dinero en la formación de directores de escuela para que sepan dirigir mejor sus centros.

ANDREW CARNEGIE

Este magnate norteamericano de origen escocés nació en 1835 y murió en 1919. Siendo un niño emigrante, supo lo que era la pasión por la lectura gracias a un militar retirado que ofrecía su biblioteca particular a los hijos de los obreros los sábados por la mañana.

Carnegie desempeñó trabajos muy duros cobrando la miseria que se solía percibir en la segunda mitad del siglo XIX. Fue el encargado de una caldera y más tarde telegrafista. Algunas veces tuvo que entregar telegramas a un teatro y, al quedarse a ver la obra, descubrió que no solo le apasionaba la lectura. El joven Andrew resultó ser un excelente telegrafista y empezó a subir en el escalafón de la Ohio Telegraph Company. El joven era realmente emprendedor e invirtió sus ahorros de manera exitosa en el ferrocarril.

La Guerra de Secesión (1860-1865) fue aprovechada por Carnegie, que realizó diferentes inversiones en la metalurgia que le dieron resultados millonarios, ya que la demanda de cañones, lanchas y demás armamento era constante.

Después de la guerra, el magnate dejó de lado el ferrocarril y se centró plenamente en el negocio de las fundiciones. Su fortuna ya era enorme. Sin embargo, él no estaba satisfecho únicamente con seguir aumentando su patrimonio. Carnegie no era un hombre egoísta, necesitaba ayudar a los demás, y lo hizo de manera ejemplar. Sus propias palabras son reveladoras en lo relativo a su filantropía:

> Me propongo asignarme un sueldo no mayor de cincuenta mil dólares al año. Aparte de esto necesito cada ganancia, sin hacer ningún esfuerzo por incrementar mi fortuna, para gastar el superávit de cada año para causas nobles. Debo prestar especial atención al hablar en público. Podría ir a Londres y podría comprar todas las acciones de un periódico o rotativo y hacer que tratara temas de interés público, especialmente los relacionados con la educación y la mejora de las clases pobres. El hombre debe tener un ídolo y amasar fortunas es una de las peores especies de idolatría. Ningún ídolo es más envilecedor que la adoración al dinero. Al enfrentarme a un problema suelo esforzarme demasiado, por lo que debo tener cuidado de elegir el estilo de vida que sea más elevado en ese sentido. Si sigo preocupándome tanto por mis negocios y pasando la mayor parte del tiempo pensando única y exclusivamente en cómo encontrar la manera de hacer dinero, me degradaré más allá de perder toda esperanza en recuperarme para siempre. Dejaré los negocios a los treinta y cinco años, pero durante los dos años siguientes deseo pasar las tardes recibiendo clases y leyendo concienzudamente.

Andrew Carnegie donó grandes cantidades de dinero para la creación de una biblioteca pública en su población natal, y también donó cincuenta mil dólares al Colegio Médico de Bellevue para que se fundara un laboratorio histológico.

Carnegie fue un gran crítico de la monarquía británica, incluso abogó por que se creara la república británica.

A pesar de ser un gran triunfador, siempre fue un hombre de carácter humilde conocedor de sus limitaciones humanas. Un ejemplo de ello es su propio epitafio: «Aquí yace un hombre que supo cómo rodearse de personas más hábiles que él».

HENRY FORD

Este ingeniero y empresario estadounidense, hijo de unos humildes granjeros irlandeses, conquistó una enorme fortuna gracias, en parte, a su habilidad con la mecánica. Al acabar sus estudios de secundaria, se fue a Detroit para convertirse en aprendiz de mecánico, pero no tardó en regresar a Dearborn para hacerse cargo de los arreglos de las máquinas de vapor.

Tras casarse y tener un hijo, se instaló de nuevo en Detroit y se convirtió en ingeniero jefe de la Edison Illuminating Company. A su vez, en su tiempo libre inició la construcción del primer vehículo de cuatro ruedas propulsado por un motor de dos cilindros y cuatro tiempos, refrigerado con agua y sin marcha atrás. Empezó a conducir sus propios coches de carreras y se asoció a diferentes empresas automovilísticas hasta que en 1903 fundó la Ford Motor Company junto con sus socios, los hermanos Dodge.

Mientras que los Dodge pensaban en desarrollar un modelo de vehículo de lujo y de precio elevado, Ford quería construir un coche sencillo y barato, al alcance de cualquier ciudadano. Cinco años después, Ford vendía veinticinco mil unidades al año a razón de quinientos dólares cada una, con lo que acumuló unos beneficios de más de once millones de dólares. Gracias a la implantación de la producción en cadena, consiguió cubrir las necesidades de los estadounidenses y cumplir su sueño de poseer un coche propio.

Este «fundador» del estado del bienestar cosechó tantísimo éxito, en gran parte, gracias a las mejoras que introdujo en el nivel de vida de sus propios trabajadores: se quedaba con los mejores, implantó la semana laboral de cuarenta horas (algo revolucionario entonces) y estableció un salario mínimo. Además de aumentar así la productividad de sus operarios, generaba a la vez compradores de sus coches, algo bueno tanto para ellos como para su empresa. Consiguió de esta forma producir automóviles al alcance de un gran número de usuarios y transformó la industria para hacerla más productiva.

Además de sus aportaciones en el terreno empresarial, Henry Ford fue un conocido mensajero de la paz que se opuso de manera sistemática y pública a las dos guerras mundiales. Actualmente, la compañía dedica más de quinientos millones de dólares anuales al fomento de la investigación y las artes.

BILL GATES

Nacido en 1955 en Seattle en el seno de una familia acomodada, pudo estudiar en escuelas de élite y en la Universidad de Harvard.

En 1968, en la escuela de Lakeside, se puso en contacto por primera vez con una computadora, hecho que le hizo aficionarse a la informática. En ese mismo centro conoció al que en el futuro iba a ser su gran amigo y estrecho colaborador: Paul Allen.

En 1975 fundaron la empresa Microsoft en Albuquerque (Nuevo México). Ellos creaban programas adaptados a los nuevos microordenadores y lo hacían de tal manera que a las empresas fabricantes les salía más barato que hacerlos ellas mismas.

En 1979 se instalaron en Seattle y en 1980, Microsoft firmó un contrato con el gigante IBM. Microsoft les suministraría un sistema operativo adaptado a sus nuevos ordenadores personales. Más tarde Microsoft creó el sistema operativo Windows, que se hizo imprescindible para los que disponían de un ordenador.

Por todo ello, cuando Microsoft empezó a cotizar en bolsa en 1986, Bill Gates se convirtió en el empresario más adinerado del mundo. A partir de entonces la empresa creció como la espuma y durante mucho tiempo Bill Gates fue el hombre de moda.

Actualmente se le considera la segunda persona más rica del planeta. Sin embargo, jamás se ha comportado de manera ostentosa. Suele viajar en clase económica y en el vestir parece sencillamente un empleado más de la empresa que él mismo creó.

En el año 2006, en la cima de su carrera profesional, decidió abandonar paulatinamente su puesto en Microsoft para dedicarse a la Fundación Bill y Melinda Gates. A partir del año 2008 se dedica plenamente a ella. Dicha fundación ayuda al desarrollo de las zonas menos favorecidas del planeta en cuestiones de alimentación, crecimiento económico y educación.

Resulta revelador leer la carta de Bill Gates que encabeza la presentación de la página web de la fundación. Es una misiva llena de optimismo. En ella se dice que **ahora mismo el 15 % de la población mundial vive sumida en la extrema pobreza. Sin embargo, tan solo hace veinticinco años esa cantidad llegaba al 40 %**. En esa misma carta, Bill Gates sostiene que esta tendencia hacia la mejora de la calidad de vida de la población más empobrecida puede ser acelerada.

El hecho de que Bill Gates, una de las mentes más brillantes de nuestra sociedad, se dedique casi exclusivamente a la filantropía nos hace recuperar la confianza en el ser humano.

CHEN GUANGBIAO

La filantropía no es un coto exclusivo de los magnates norteamericanos. El empresario chino de energías renovables Chen Guangbiao ha anunciado recientemente que donará a su muerte toda su riqueza, tasada en 535 millones de euros, a la caridad para «devolverle a la sociedad lo que la sociedad le ha dado».

Resulta obvio que montar una empresa cuando las condiciones familiares y económicas son favorables es más fácil que cuando no se dan estos dos factores positivos. Pero no siempre es así.

Pese a la inmensa fortuna que acumula, Guangbiao proviene de una familia de lo más humilde. Pasó su infancia sobreviviendo junto a los suyos con una o dos comidas al día; el hambre los atacó de tal manera que incluso uno de sus hermanos murió de inanición. Aun así, aprendió de su madre valores como la generosidad, ya que ayudaba a todos cuanto podía.

Hasta ser presidente de la empresa Utilización de Recursos Renovables Huangpu de Jiangsu, Chen recorrió un camino de lo más complicado. Trabajó desde muy pequeño para pagarse el colegio y llegó a montar un pequeño negocio de helados que no dio sus frutos, puesto que pronto empezó a regalar estos dulces a los niños que no podían pagarlos.

Se interesó por la medicina hasta el punto de inventar un aparato de diagnósticos gracias al cual culminó su primer gran negocio; más tarde se introdujo en el ámbito de la publicidad y acabó creando su propia empresa de reciclado industrial. En la actualidad, este Bill Gates chino, como él mismo se define, dona la mitad de los beneficios de su compañía a causas benéficas.

Y es que su drástica decisión de donar todo su dinero, que excluye a sus hijos de recibir ni un solo céntimo de su fortuna, surge como respuesta a la iniciativa propuesta por el creador de Microsoft, Bill Gates, y el inversor Warren Buffet para promover los actos filantrópicos: Chen publicó una carta abierta en la página web de su empresa en la que especificaba que cederá todos sus millones a la beneficencia.

Guangbiao se convierte así en el primer empresario chino en sumarse a la iniciativa de los dos multimillonarios estadounidenses, ya que considera que sería una pena morir y dejar acumulada toda su riqueza, por lo que espera que sus hijos entiendan su decisión y sepan crecer en la vida. Por si fuera poco, Guangbiao ha convencido a otros cien empresarios para que lleven a cabo su mismo testamento.

Dejando de lado lo que sucederá tras su muerte, Chen es conocido en su país por sus labores sociales. Ocupó el primer puesto de la Lista Caritativa de China en 2010, elaborada por la Asociación de Trabajadores Sociales de China, organizó los primeros equipos de rescate no oficiales que participaron en China tras los terremotos de Wenchuan, en 2008, y Yushu, en 2010, y calcula que en la última década ha dedicado unos ciento sesenta millones de euros a causas benéficas, de los que ya se han beneficiado más de setecientas mil personas.

INGVAR KAMPRAD

Este empresario nacido en Suecia el 30 de marzo de 1926 es considerado el dueño de la cuarta mayor fortuna del mundo. Se trata nada más y nada menos que del fundador de IKEA (quien no tenga un objeto o mueble comprado en IKEA, que lance la primera piedra).

Desde muy temprana edad se dedicó a la compra-venta de herramientas y objetos cotidianos. Los compraba al por mayor y los revendía a sus vecinos, consiguiendo unas ganancias considerables para su edad —a los once años se compró su primera bicicleta gracias a sus «negocios».

Siendo un veinteañero aplicó el mismo sistema con los muebles. Adquiría un mueble barato pero de calidad y lo revendía en su ciudad. Pronto creó su primer catálogo y repartía los muebles con la furgoneta que le alquilaba a un amigo lechero.

Después de muchas vicisitudes (como algunos boicots por parte de otros fabricantes de muebles suecos no tan baratos como IKEA), Kamprad decidió que la empresa diseñase sus propios muebles, comprar materias primas en el extranjero (especialmente en países asiáticos) y crear puntos de venta por toda la geografía mundial.

Una de las claves de su éxito fue el hecho de desmontar los muebles durante el traslado, ya que así se reducía el riesgo de dañarlos. Enseguida vio que desmontarlos también era una buena solución para su almacenaje, puesto que ahorraba gran cantidad de espacio.

Kamprad tiene **seis mandamientos** en los que basa su empresa y su filosofía. Sus trabajadores tienen que aprender lo siguiente:

1. **Solo mientras duermes no cometes errores.**
2. **Divide tu vida en bloques de diez minutos y desaprovecha lo mínimo en insignificancias.**
3. **La burocracia complica y bloquea. La planificación excesiva es la principal causa de «muerte corporativa».**
4. **Termina el trabajo que tienes pendiente cada día. Dormirás mejor.**
5. **La felicidad no está en alcanzar tu objetivo, sino en la lucha que lleva a él. No existe lo imposible.**
6. **Graba esto en tu cerebro: si algo es positivo para nuestros clientes, lo será también para nosotros a largo plazo.**

Ingvar Kamprad también cometió errores durante su vida, como reconoce con humildad. Durante treinta años fue alcohólico y en su juventud se dejó seducir por el nazismo. Consiguió vencer su adicción al alcohol y no solo se arrepintió de sus antiguas simpatías fascistas, sino que pidió disculpas por escrito a todos y cada uno de sus trabajadores de origen judío.

Este empresario sueco archimillonario no es en absoluto una persona ostentosa. Para desplazarse alterna su coche Volvo de los años noventa y el transporte público. Jamás toma un avión si no es en clase turista. Siempre utiliza las hojas de papel por las dos caras para ahorrar y no se le caen los anillos por responder al teléfono a los clientes en la oficina. No se trata de cicatería, sino de una manera de ver las cosas, una filosofía: **la austeridad y la humildad mantienen el cuerpo activo y la salud óptima.**

TED TURNER

Este multimillonario norteamericano nacido en 1938, además de ser un gran terrateniente, empresario e inversor, es especialmente reconocido por ser el creador de la agencia más famosa del mundo: la CNN.

A principios de los años sesenta, Ted Turner tuvo que ponerse al frente de la empresa de publicidad de su padre, el cual se había suicidado. Con este dramático punto de partida, en 1970 adquirió una cadena de televisión que se hallaba al borde de la quiebra y consiguió hacerla rentable gracias a la retransmisión de deportes a precios económicos.

Pero sería el nacimiento de la CNN (Cable News Network) lo que le propulsó a la cumbre. Fue la primera cadena de televisión dedicada única y exclusivamente a los informativos. Más adelante fundó otras empresas que también dieron grandes beneficios, como AOL Time Warner, una agrupación de empresas que controla Internet, medios audiovisuales, productoras de cine y música, y editoriales.

Ted Turner es también uno de los millonarios que se creen en deuda con la sociedad que los ha hecho privilegiados económicamente. También se cree en la obligación de «devolver el favor» a los demás. Turner ha destinado más de mil millones de dólares a diferentes causas humanitarias de las Naciones Unidas, creando así la Fundación de las Naciones Unidas, de la cual él es presidente. Ted Turner es también el creador de la serie de dibujos animados *Capitán Planeta*, en la que se transmiten a los niños grandes valores ecológicos.

OPRAH WINFREY

Esta popular presentadora norteamericana nacida en 1954 se crio con su abuela hasta que cumplió los seis años y tuvo que trasladarse a vivir con su madre. A partir de entonces su infancia fue infernal, ya que sufrió incontables abusos tanto físicos como psicológicos.

A los trece años se escapó de casa. Una vez detenida por la policía, fue entregada a su padre.

Oprah logró superar el trauma de una infancia desgraciada y a los diecinueve años entró en contacto con los medios de comunicación trabajando como reportera en una emisora de radio de Nashville. A los veinticuatro años, en Baltimore, trabajó por primera vez en televisión presentando el programa *People are talking.* Se mantuvo en el programa hasta los treinta años, edad en la que consiguió su propio programa en Chicago.

En 1985, su programa *The Oprah Winfrey Show* ya era el número uno de televisión. Es el programa de entrevistas y tertulias más prestigioso de los Estados Unidos y ningún famoso se niega a participar en él debido al gran prestigio que posee gracias a su presentadora.

Pero Oprah no solo se dedica a la televisión; ha participado como actriz en varias producciones cinematográficas, entre las que cabe destacar *El color púrpura*, dirigida por Steven Spielberg, que casi le valió un Oscar por el papel secundario. Ella misma acabó fundando su propia productora de televisión y cine. Semejantes éxitos han hecho de Oprah Winfrey la afroamericana de mayor fortuna de la historia.

Oprah no es una excepción en cuanto a sus obras filantrópicas. De hecho, siempre ha tenido muy presente lo que tuvo que sufrir durante su infancia y hace todo lo posible para que otros niños no tengan que padecer lo mismo que ella padeció. Por ello inició una campaña en contra de los abusadores que acabó siendo ley en los Estados Unidos, y también creó una fundación que lleva su nombre, la cual se dedica a ayudar de manera totalmente desinteresada a mujeres y niños con dificultades.

NUESTROS TRIUNFADORES HUMILDES

ZACARÍAS ALDONZA

Nació en la provincia de León hace cincuenta y siete años. Ha dedicado toda su vida a los negocios, en diversos sectores, pero especialmente en el sector hotelero. Su espíritu optimista y luchador ya se vislumbraba en todo lo que se proponía cuando apenas era un joven con «don de gentes» y con ganas de emprender su camino como empresario. Empezó su andadura desde cero, superando momentos difíciles en situaciones de crisis sin perder el ánimo y en la actualidad es la cabeza de una pequeña cadena de tres hoteles, además de tener otros negocios en España y en el extranjero.

Los valores que propugna como hombre de negocios son la honradez, el sentido común, la paciencia, el tesón, la ilusión optimista y una visión siempre dirigida a la solución de problemas. Defiende que de los fracasos siempre se aprende algo y que en los momentos difíciles es cuando más hay que mantener la mente fría a la vez que se pasa a la acción, siempre con inteligencia y sentido común. Para él, los negocios han de tratarse con amor, pero sin aferrarse a torres caídas; es preferible ponerse manos a la obra y levantar otra torre que no vivir en el recuerdo y dejarse llevar por él. Una de sus máximas es la de disfrutar del trabajo y mantener siempre un espíritu de superación focalizando la atención no solo en el crecimiento de la empresa y el bien de sus clientes, sino también en el bienestar de los trabajadores, que se sientan a gusto siempre a partir del principio de «gano-ganas».

Zacarías es además un emprendedor tenaz que ha sabido implicar a su familia en la aventura de sus negocios. Cuenta con el incondicional apoyo de sus hijas: Alicia y Flor.

ISAK ANDIC

Nacido en Estambul en 1955, este sefardí establecido en Catalunya ha creado uno de los grandes imperios de la moda: Mango.

Junto con su hermano se dedicó a importar de Afganistán y otros lugares de Oriente prendas a bajo precio, y desde un pequeño almacén en Barcelona las vendían en tiendas de la Ciudad Condal.

En 1984 abrió la primera tienda Mango en el paseo de Gracia de Barcelona. Un año más tarde ya había un total de cinco tiendas Mango en Barcelona y otra en Valencia. En menos de una década se habían inaugurado alrededor de cien tiendas en toda la geografía española. En la actualidad, Mango está instalada en los lugares más céntricos de las capitales y ciudades más importantes de todo el mundo, y en gran cantidad de aeropuertos internacionales.

Su éxito está basado en la calidad y el diseño exclusivo asequible, así como en el sistema de franquicias.

Isak Andic es un gran enemigo de los excesos; de hecho, su vida privada permanece a buen recaudo, incluso su propia imagen no solo resulta de una gran discreción, sino que llega a tener un cierto aire de misterio. Andic no se dejó fotografiar hasta el año 2007, cuando ya era considerado dueño de una de las grandes fortunas de nuestro país. Es uno de los doce españoles que forman parte de la «lista Forbes». Su discreción es también evidente en su modo de comunicarse con los demás. Es contundente y directo, pero siempre correcto, poco amigo de levantar la voz.

No contento con su imperio textil, se ha embarcado también en el mundo de la banca. En 2007 adquirió el cinco por ciento de las acciones del Banco Sabadell y ya forma parte de su consejo de administración. Además posee diez sociedades de inversión valoradas en cientos de millones de euros.

A pesar de ser el poseedor de una de las grandes fortunas españolas, Isak Andic no da nada que hablar en lo que hace referencia a su vida privada, jamás aparece en las revistas de moda ni en ningún otro medio informativo.

Recientemente se le ha considerado la segunda fortuna de España y ha llegado a ser la número 130 mundial.

EDUARDO BAVIERA

La salud y el dinero no siempre van de la mano. Y si no, que se lo digan a Eduardo Baviera, presidente y consejero delegado de Clínica Baviera, una multinacional española que se dedica a la oftalmología desde 1992 —año en el que fundó su primera clínica en Valencia— y al tratamiento de la obesidad y la cirugía estética desde 2004, gracias a la creación de Clínica Londres.

Nacido en 1967, Eduardo Baviera se licenció en Económicas por la Universidad de Valencia y realizó un Máster en Asesoría Fiscal por el Instituto de Empresa. Trabajó durante dos años en Price Waterhouse y fue durante tres años profesor de Análisis Financiero.

En 1994 fundó junto a su hermano Julio y otros médicos la Clínica Baviera, de la que asumió la dirección general. Eduardo ha publicado el libro *Ideas que funcionan*, que trata sobre la capacidad emprendedora en los tiempos actuales, incidiendo en la importancia de la *actitud* —por encima de la aptitud— para poder avanzar de forma permanente.

Eduardo asegura que una sencilla servilleta de papel puede contener los mejores proyectos, ya que en la simplicidad reside la semilla del éxito. Su trayectoria empresarial es la muestra de que las buenas ideas guiadas por los valores sólidos funcionan:

de una pequeña clínica oftalmológica en un piso de Valencia, tras un progresivo crecimiento, cuenta ya con más de setenta clínicas entre España y Europa.

Sin embargo, este crecimiento no le ha hecho olvidar su lema: más vale una pequeña acción que una gran intención.

Desde 1995, Clínica Baviera colabora con diferentes ONG y asociaciones nacionales e internacionales centradas en la medicina y preocupadas por la atención a personas necesitadas, con la intención de mejorar la salud y el bienestar de niños y personas mayores. Estas ayudas se ejecutan a través de profesionales que se trasladan a países en vías de desarrollo —Irak, Brasil, Zimbabue, Nicaragua, Kenia, Perú y Senegal— para realizar exploraciones oftalmológicas, tratamientos para el cuidado de la vista y formar a los especialistas locales en técnicas y cirugía oftalmológica.

Entre otras acciones, Clínica Baviera recoge gafas de pacientes intervenidos que ya no van a necesitarlas y las envía al Tercer Mundo a través de diferentes ONG, realiza revisiones gratuitas a niños en distintas poblaciones de España para detectar anomalías y problemas oculares, y colabora con personas diabéticas para ayudar a controlar su enfermedad.

Cabe destacar las revisiones gratuitas realizadas en Valladolid el 20 de noviembre de 2011 con motivo del Día Internacional del Niño para detectar posibles problemas en la vista, la campaña de concienciación de la población con revisiones gratuitas con motivo de la Semana de la Salud Visual, la Semana de la Salud Visual para los Mayores de Sesenta años o el Día Mundial del Glaucoma, y la colaboración con diversas asociaciones para realizar reconocimientos oftalmológicos a niños saharauis que pasan los veranos con familias españolas, con el objetivo de poner al alcance de todos los menores un servicio médico al que no tienen acceso en su país de origen.

De la misma forma, Clínica Baviera colaboró en la V Exposición de Botijos de la Luz organizada por Stop Ceguera. En el diseño de los ochenta botijos solidarios que se pusieron a la venta participaron personajes tan conocidos como el cantante David Bisbal o los futbolistas Gonzalo Higuaín y Diego Forlán. El objetivo era recaudar fondos destinados a devolver la vista a personas ciegas de África que no cuentan con los recursos económicos para someterse a tratamientos médicos o quirúrgicos.

Me enorgullece que Eduardo Baviera, presidente y consejero delegado de Clínica Baviera, sea, como él me ha dicho, lector asiduo de mis libros y que algunos, como *Conseguir el éxito* o *Atrévete a triunfar*, le hayan proporcionado algunas ideas que le han ayudado a avanzar de forma permanente en su empresa.

Su libro, *Ideas que funcionan*, cuyos beneficios estarán íntegramente destinados a la Asociación Valenciana de Caridad, es un canto a lo que él llama *emprendedores corporativos*, que aunque no han puesto en riesgo su patrimonio personal para crear la empresa, sin embargo, sí ponen toda su ilusión, compromiso, creatividad y entusiasmo, empuje y ganas de participar en la misma aventura que el empresario.

En Clínica Baviera, Eduardo y Julio Baviera han conseguido que sus trabajadores se conviertan en emprendedores corporativos, y los optometristas, enfermeras, auxiliares de clínica y los de servicios corporativos no se limitan a cumplir exclusivamente sus obligaciones, sino que se comprometen mucho más. Pienso con Eduardo Baviera que sin estos «emprendedores corporativos», cualquier empresa tiene los días contados.

Actitudes que presiden la vida personal y empresarial de los hermanos Baviera y su equipo:

HUMILDAD: Virtud fundamental para mejorar, porque te permite escuchar, tener perspectiva y por tanto, aprender. La humildad no garantiza el éxito, pero ayuda a conseguirlo y sobre todo, saber buscar constantemente nuevas ventajas competitivas que ofrecer a los clientes. La humildad ayuda poco a poco, paso a paso, a progresar en la vida personal, en el trabajo y nos hace más amables con los demás; ser humilde con el propio destino ayuda a disfrutar de los propios logros y evitar frustraciones absurdas. Ser humilde ayuda a valorar lo que tienes, conservar lo que ganas, relativizar los fracasos y reponerse pronto de ellos.

MOTIVACIÓN: La motivación multiplica de forma extraordinaria las capacidades y transforma el trabajo diario en aventura. Por eso, es algo mágico que hay que buscar constantemente. El cóctel perfecto para la motivación, según Eduardo Baviera, lo conforman la emoción, el optimismo y el sentido del humor. Lo difícil es saber aplicarlo.

CREATIVIDAD Y ESFUERZO: Son imprescindibles para actualizarse. El mundo avanza y quien se queda quieto y no evoluciona se queda atrás. La creatividad es la capacidad de conseguir cosas nuevas, para ti y para tu empresa. La creatividad indica el camino a seguir y el esfuerzo empuja hacia la meta.

DISCIPLINA, EQUILIBRIO Y DESCANSO: La vida personal y profesional se asemejan más a un maratón que a una carrera de cien metros. El tiempo y la salud son más valiosos que nada y no pueden comprarse. Hay que cuidar la salud y aprovechar el tiempo y saber armonizar la disciplina, el equilibrio y el descanso, otro cóctel que funciona.

PERSEVERANCIA Y FLEXIBILIDAD: Son imprescindibles en tiempos difíciles, para identificar problemas reales, no imaginarios y problemas presentes; asignarles su importancia sin exagerar su trascendencia ni lo contrario, subestimarlo. Relativizarlo y afrontarlo con optimismo y en todo caso adaptarse y ser flexible.

AUSTERIDAD Y AMBICIÓN SANA: La austeridad o renuncia a lo innecesario y no despilfarrar. No es tacañería, sino equilibrio y generosidad. El lujo es para los débiles, vanidosos y codiciosos. La ambición sana es la que aporta determinación y motivación para lograr éxitos a corto y medio plazo y soñar y planificar el futuro.

IMPLANTACIÓN: «Inteligencia práctica» o capacidad de obtener un beneficio concreto de las propias ideas. La «inteligencia colectiva» es la capacidad de conseguir ideas superiores conectando bien un grupo o equipo de personas. Las dos inteligencias se complementan y se potencian. Por inteligente que sea una empresa, es difícil que supere a un grupo cohesionado, recordemos el equipo que hay detrás de un tenista o de un corredor de Fórmula 1.

CONFIANZA: Sentimiento que atrae, une y organiza a las personas. Genera un estado de bienestar parecido a la calma y la tranquilidad y mejora la creatividad. El líder que pretenda crecer tiene que delegar y si quiere delegar, tiene que confiar. Confiar es arriesgar y para crecer hay que arriesgar, pero merece la pena. Delegar no es mandar; es poner el destino de algo en manos de otra persona, a veces, tu propio destino, y eso requiere mucha confianza.

Eduardo Baviera ha escrito *Ideas que funcionan* como reconocimiento y gratitud a los magníficos emprendedores corporativos de Clínica Baviera con los que comparte desafíos y éxitos. Emprendedores y empresarios así, «triunfadores humildes» tan extraordinarios, son los que necesita nuestro país a millares.

FRANCISCO ESCALANTE

En 1962, Francisco Escalante Rivera fundó una compañía dedicada en sus inicios al envasado de encurtidos y su comercialización a pequeños comercios de la provincia de Madrid. Al incrementarse la venta en este mercado, este empresario empezó a comprar y aderezar las aceitunas en Sevilla para su posterior distribución en la capital de España.

Gracias al crecimiento exponencial experimentado con el paso del tiempo, Francisco Escalante Rivera cuenta hoy con 140000 m^2 de instalaciones productivas en las que trabaja un equipo humano formado por doscientas cincuenta personas en su sede de Morón de la Frontera.

Actualmente están presentes en numerosos países, como Argentina, con dos factorías alimentarias, y Rusia.

Este empresario humilde que nunca ha despegado los pies del suelo asegura que **su éxito reside en la dedicación a sus clientes y su vocación por satisfacer sus necesidades de calidad y servicio**. Para ello ha realizado grandes inversiones en la seguridad de los alimentos mientras se adaptaba a los requerimientos del mercado.

Fruto de ese esfuerzo, Aceitunas Guadalquivir cuenta actualmente con las más altas calificaciones en estándares de seguridad de los alimentos, con la certificación según la norma de Gestión Ambiental ISO 14001, siendo la primera empresa del sector en apostar por ella. Al mismo tiempo, la empresa ha creado, con el fin de reducir costes e innovar en procesos y productos, un departamento de I + D + i.

De manera ejemplar, Aceitunas Guadalquivir ha puesto en práctica un minucioso Plan de Minimización y Regulación de Vertidos. Todas estas actuaciones redundan en la protección del medio ambiente, así como en el cuidado de la salud de los trabajadores, otorgando al mismo tiempo la mejor calidad a los productos.

Gracias a ese buen hacer y a esa conciencia social y ecológica, la compañía está presente de forma significativa en más de sesenta países, siendo los Estados Unidos su principal cliente internacional.

En los últimos años, los esfuerzos económicos de la empresa de Francisco Escalante se han orientado hacia tres objetivos claros:

1. **Creación de valor social dentro de la empresa y su entorno.**
2. **Protección ambiental.**
3. **Desarrollo de políticas de seguridad de los alimentos.**

El objetivo es satisfacer a los clientes en calidad y competitividad, puesto que ellos, y el personal de la empresa, son las bases de su crecimiento.

Pero por encima de todo, Francisco Escalante es una persona cordial, cercana y que sabe dar protagonismo tanto a sus trabajadores como a los clientes, ayudado en todo momento por sus propios hijos, con los que comparte dirección y otras actividades, Francisco Javier, María del Mar y Rocío.

PALOMA FRIAL

Considerada una de las mejores empresarias del sector de la alimentación, su compañía, Frial, es referente de calidad, investigación e innovación en toda Europa.

Su empeño por la alimentación saludable ha llevado a esta emprendedora a potenciar investigaciones alimentarias pioneras en todo el mundo. Incluso ha impulsado la creación de premios a la investigación a los que han estado ligados personalidades como el Nobel Excmo. Sr. D. Severo Ochoa o, más recientemente, Federico Mayor Zaragoza.

Desde el chef Paco Roncero o María Jesús Gil Antuñano, pasando por las distinciones de Rafael García Santos en *Lo Mejor de la Gastronomía* —identificó varios de sus productos entre las mejores *delicatessen* de España—, la empresa Frial ha sido objeto de los mayores reconocimientos por parte de la élite de la alta cocina y gastronomía española.

La historia de Paloma Frial está llena de humildad, trabajo y superación. A los trece años, por fallecimiento prematuro de su padre, tuvo que ponerse al frente de la empresa buscando siempre la mejora continua, consciente de la enorme importancia que tiene la alimentación para la salud.

«El primer paso para conseguir algo siempre digo que es soñarlo.

Si no sueñas, difícilmente puedes conseguirlo. A veces, hay sueños que parecen utopías, pero con mucho esfuerzo, mucha ilusión y mucho trabajo, poco a poco se va consiguiendo», afirma Paloma.

Esta empresaria ejemplar asegura que la ilusión mueve montañas y que la dificultad te hace crecer. Convencida de que el avance tiene que venir por la unión de los conocimientos con la empresa, Frial fue pionera en el acercamiento al departamento de investigación de una universidad para la búsqueda de productos cada día mejores.

Fruto de ese trabajo fue la patente Vidalim y el innovador lanzamiento de productos cárnicos con antioxidantes. Frial fue además la primera empresa a la que el Comité de Ética del Hospital Universitario de la Paz autorizó para realizar ensayos clínicos en humanos con alimentos, con importantes resultados ya publicados en revistas científicas de primer nivel.

Entre los secretos de su éxito, Paloma asegura: «La diferenciación es un elemento fundamental para la continuidad de las empresas, porque una empresa que hoy esté compitiendo únicamente por costes, en estos momentos de crisis, es una empresa con un futuro muy complicado».

Con este fin, su negocio dedica un 5 % de su facturación a la innovación. La búsqueda permanente de nuevos productos, de nuevas presentaciones, es la mejor manera de llegar a un consumidor cada vez más exigente.

Gracias a este buen hacer, Paloma Frial obtuvo el Premio a la Calidad e Innovación (1997), el Primer Premio a la Mejor Calidad Agroalimentaria de la Comunidad de Madrid (1998), la distinción a la Mejor Empresa Alimentaria Española en Innovación, otorgado por el Ministerio de Agricultura, Pesca y Alimentación (2005), y el Premio a la Mejor Empresaria (concedido por *Actualidad Económica* y *Expansión*). Estos reconocimientos son la prueba de que el trabajo bien hecho es un seguro de vida para el futuro de los consumidores y de la propia empresa.

AMANCIO ORTEGA

Y puesto que hablamos de Mango, naturalmente, hay que hablar de su competencia más directa, Zara, y de su fundador.

Amancio Ortega nació en Busdongo de Arbás, en la provincia de León, en 1936. Su padre trabajaba como ferroviario y fue trasladado a Galicia cuando Amancio contaba con catorce años. A esa misma edad empezó a trabajar en una tienda de La Coruña y allí entró en contacto con el sector textil y el mundo de la moda.

A principios de los años sesenta, junto con su primera esposa, Rosalía Mera, creó una empresa llamada Confecciones GOA, S. A. Una de las características de la empresa era que ellos diseñaban, fabricaban y vendían sus propias prendas.

Pero fue a principios de 1975 cuando abrió en La Coruña la primera de las tiendas Zara. Tras alcanzar el éxito al abrir tiendas por todo el mapa español, en los años ochenta crearon el grupo Inditex.

Entre los ochenta y los noventa realizaron una expansión del negocio a escala mundial. Zara se convierte en una de las alternativas de la moda popular, tanto para mujeres como para hombres y niños.

Marcos Ortega, el único hijo varón de Amancio, nació con una discapacidad grave. Por esa causa, su padre ha destinado parte de su fortuna a la creación de la Fundación Paideia Galiza (dirigida por su primera esposa). Dicha fundación sin ánimo de lucro se dedica al apoyo de los discapacitados.

El empresario creó otra fundación que lleva su nombre, y que no tiene nada que ver con el mundo empresarial. Promueve actividades del mundo de la cultura, la educación, la investigación… Dan becas y se llevan a cabo proyectos de todo tipo. Todo se basa en **los principios de su fundador: solidaridad, comprensión, compromiso, laboriosidad, autenticidad y fidelidad.**

Muchos magnates, habiendo ya amasado grandes fortunas, se dedican a aumentar sus beneficios hasta la saciedad. El caso de Amancio Ortega resulta ejemplar, ya que dedica gran parte de sus ingresos a la filantropía, ayudando a nuevos talentos a desarrollarse y llevar a cabo sus proyectos.

Sin ir más lejos, en la reciente boda de su hija, la heredera del imperio textil, los novios pidieron expresamente a los invitados que los regalos fueran donaciones a una causa benéfica.

JOAN RIERA

Terminaremos esta sección con un ejemplo más humilde —nunca mejor dicho—, pero emotivo y poderoso.

Nadie imaginaba que Joan Riera Gubau, vecino de la localidad de Santa Coloma de Farners que murió en 1997, hubiera amasado una tremenda fortuna que fue a parar a manos de la Generalitat de Catalunya. Sus treinta y un millones de euros legados están sirviendo para que muchos jóvenes de la comarca de La Selva superen una de las frustraciones que persiguió a Riera Gubau en vida: el aprendizaje de la lengua inglesa.

En los años cuarenta, este empresario catalán montó junto con su hermano en Santa Coloma de Farners una fábrica de calcetines que pasó a ser la mayor proveedora del Ejército español. Además, invirtió parte de su capital en unos terrenos ubicados en Venezuela, donde, años más tarde, se encontraron yacimientos de petróleo.

En 1950, un incendio destruyó su fábrica, por lo que Riera Gubau tuvo que vender sus terrenos en Venezuela para construirla de nuevo. Depositó parte del dinero conseguido en diferentes fondos de inversión norteamericanos, pero, dado su bajo dominio del inglés, siempre debía ir acompañado por traductores. Fue así como nació una de sus máximas prioridades para sus convecinos.

Para que sus sucesores no se encontraran con el mismo problema que le había «amargado» sus transacciones en América, Riera Gubau especificó en su testamento que la Generalitat era la «heredera universal» de todos sus bienes, bajo la condición de que se destinasen al aprendizaje del inglés de los jóvenes de su pueblo y de la comarca de La Selva a través de becas y estancias subvencionadas para el estudio y el perfeccionamiento del aprendizaje de este idioma.

Es por eso que, gracias al dinero legado por este empresario catalán que murió a la edad de noventa y un años sin hijos, la Generalitat ha creado la Fundación Catalana para la Enseñanza de la Lengua Inglesa, con sede en Barcelona, tras siete años de trámites realizados para cumplir con su voluntad.

Riera Gubau, que dejó al gobierno catalán la mayor herencia que esta institución jamás ha recibido, ha conseguido tras su muerte que cada año se abran nuevas convocatorias para estancias de verano y estudios de posgrado en el extranjero.

JUAN ROIG

Vivimos en una sociedad de consumo en la que estamos acostumbrados a acudir en masa a los centros comerciales y a grandes supermercados para adquirir productos de alimentación, bebida, higiene personal, limpieza del hogar y/o comida para mascotas. Sin embargo, la cadena de supermercados Mercadona apuesta por el comercio urbano de proximidad, es decir, por ofrecer a sus clientes todos los productos que puedan imaginar en un espacio de gran tamaño sin necesidad de salir del barrio.

Juan Roig, actual director de Mercadona, nació en Valencia en el año 1949 en el seno de una familia formada por seis hermanos que regentaba la empresa Cárnicas Roig. Sus padres, Francisco y Trinidad, transformaron las ocho carnicerías que tenían, de unos trescientos metros cuadrados cada una, para convertirlas en tiendas de ultramarinos y fundar así Mercadona. Juan, tras licenciarse en Económicas en la Universidad de Valencia, se hizo con la dirección del negocio en una operación en la que participaron su mujer, Hortensia, y sus hermanos Fernando, Trinidad y Amparo. Se iniciaba así la imparable expansión de uno de los mejores negocios que existen hoy en día formado por capital familiar y español.

Y es que la clave del éxito se encuentra en la filosofía que ha marcado la evolución de este negocio familiar: invertir los beneficios en su ampliación y expansión, basándose siempre en el **Modelo de Calidad Total**. Según la definición que realiza J. Evans, este modelo se basa en un «sistema de dirección enfocado en las personas que busca el continuo incremento de la satisfacción del consumidor a un coste real continuamente menor: trabajan horizontalmente cruzando funciones y departamentos, implica a todos los empleados desde la cima a la base, y se extiende desde atrás hacia delante para adquirir la cadena de proveedores y la de clientes, acentuando el aprendizaje y la adaptación al cambio continuo como claves para el éxito».

Este modelo tiene en cuenta los cinco ítems que conforman el espíritu innovador y el carácter líder de Mercadona: clientes, trabajadores, proveedores, sociedad y capital.

En primer lugar, se encuentra la **atención al cliente, a los verdaderos «jefes»** de Mercadona. El trato agradable que brindan los trabajadores a los clientes, unido a la política de SPB —Siempre Precios Bajos—, potencia el éxito de la cadena de supermercados.

En segundo lugar, Mercadona tiene en cuenta que **si la satisfacción de los trabajadores es mayor, su productividad también lo será**. Es por eso que los asalariados de esta empresa cuentan con una serie de ventajas que aumentan su satisfacción laboral, como por ejemplo la contratación indefinida, la mejor conciliación entre la vida familiar y la laboral —trabajando cerca de casa y ofreciendo cinco meses de baja por maternidad en vez de los cuatro estipulados por la ley—, la promoción interna y la inversión en formación, salarios que superan la media nacional, el elevado número de mujeres contratadas, la media de edad relativamente baja, etcétera.

Durante el primer año, todos los trabajadores tienen la misma categoría y cobran igual, mil cien euros brutos. Gracias a todos estos beneficios para los empleados, **la tasa de absentismo del año 2010 fue del 0,85 % frente al 5 % de la media en España**.

El Modelo de Calidad Total también tiene en cuenta la relación con los proveedores. Mercadona representa a la perfección el lema **«la calidad no tiene que ser más cara»** a través de acuerdos a largo plazo que producen una serie de beneficios mutuos. Siempre y cuando el proveedor satisfaga las necesidades del cliente, el acuerdo entre las dos partes permanecerá inalterable, ya que si algo sale mal en el proceso de gestión de los productos, los primeros damnificados serán los «jefes».

De la misma forma, Mercadona se ha impuesto **satisfacer a la sociedad**. ¿Cómo? Cubriendo las necesidades de los clientes a través de la potenciación del comercio de barrio. Los consumidores precisan encontrar todo tipo de productos de marcas de calidad a buen precio a una distancia relativamente cercana de su hogar. Es por eso que Mercadona, gracias a su política de expansión y proximidad, ayuda a modernizar el comercio urbano de los barrios en los que está presente, aportando dinamismo comercial a la zona. Además, la empresa participa en multitud de iniciativas que pretenden contribuir al avance social, por ejemplo, en investigación —desarrollando programas de ayuda a colectivos desfavorecidos, creando puestos de trabajo, revitalizando zonas urbanas, ayudando a la mejora y el cuidado del medioambiente, etcétera.

Una vez cumplidos los cuatro puntos expuestos, se alcanzan unos resultados económicos positivos gracias a la satisfacción generada en el cliente, el trabajador, el proveedor y la sociedad, con lo que la clave del éxito del Modelo de Calidad Total se basa en la siguiente premisa de Juan Roig: **«Para poder estar satisfechos, primero hay que satisfacer a los demás»**.

Aun así, no debe olvidarse que las marcas escogidas por Mercadona mantienen unos precios de lo más competitivos gracias a la estrategia comercial utilizada, que se basa en la premisa mencionada con anterioridad: Siempre Precios Bajos. Además de apostar por determinadas firmas que destacan su calidad por encima del precio que paga el cliente, Mercadona evitó gastar enormes cantidades de dinero en publicidad para comprometerse con los compradores —vendiendo siempre al mismo precio— y con los proveedores —manteniendo sus pedidos durante años a precios estables—, ganando clientes fijos en todo el territorio español, por el que se ha expandido a lo largo de los años.

Si tomamos algunas cifras como ejemplo, en el año 2009, Mercadona alcanzó las 1264 tiendas en 46 provincias españolas, con 62 000 empleados, todos con contrato fijo, una facturación de 15 505 millones de euros y 270 millones de euros de beneficio neto.

Gracias a **evitar gastos innecesarios** —colocando los techos de las tiendas a menor altura para ahorrar energía— y a invertir en sus trabajadores bajo un sistema de incentivos por objetivos —doscientos diez millones de euros repartidos entre sus trabajadores en 2011—, el Reputation Institute de Nueva York situó a la empresa de Juan Roig como la **novena empresa a escala mundial en reputación corporativa, puesto que fue la primera empresa española en realizar una auditoría ética** en el año 2003.

Se calcula que hoy en día, la fortuna de Juan Roig asciende a los seis mil millones de euros, siendo la segunda mayor de España solo por detrás de Amancio Ortega —Inditex.

Este triunfador humilde escribe con un bolígrafo Bic y celebra los comités de dirección en una furgoneta mientras se desplaza de una tienda a otra por sorpresa. Da una rueda de prensa al año, aunque su historia y su estrategia empresarial se estudian en la Universidad de Harvard y se espera su expansión al extranjero para 2012 o 2013.

«Tenemos que dejar de hacer aquello que no añada valor, conseguir hacer más con menos y aprovechar el esfuerzo y las capacidades. Estoy a favor del estado del bienestar, pero no del estado del derroche», afirmó Juan Roig, comprometido al cien por cien con los ideales que han convertido su red de supermercados en una de las más influyentes del país. «Mis hijas tienen las mismas oportunidades que los 61 000 empleados de Mercadona para dirigir la empresa, ya que la propiedad se hereda, pero el puesto de trabajo no», comentó hace tiempo.

¿Realidad o utopía?

DOS TESTIMONIOS
DE TRIUNFADORES HUMILDES

SEVERIANO

VISTO POR SUS HIJOS

Este testimonio de los hijos de un triunfador humilde nos enseña el valor de las personas sencillas que, más allá de levantar empresas grandes o pequeñas, construyen el destino de nuevas generaciones a través de su ejemplo de tenacidad y esfuerzo. Yo conozco personalmente a Severiano, un gran triunfador, sin negocios, pero grande por su sencillez y bondad. El trabajador que cualquiera desearía tener como compañero y que a mí me ha servido para escribir el retrato robot del mejor trabajador posible.

Escribir sobre alguien, cuando es tu padre, bien pudiera parecer una tarea sencilla, pero no está exenta de complejidad.

Nuestro padre tiene ahora ochenta y un años. Es de esas personas a las que uno mira y no dudaría en decirle aquello de «¿Cómo hace usted para mantenerse así?» o eso de «Yo firmaba por estar así con su edad».

Lleva sus años a cuestas, pero mantiene una vitalidad física muy importante. Camina con agilidad y da diariamente largos paseos por las zonas del barrio y de los alrededores de Madrid que conoce. De hecho, quizás ese sea uno de los secretos de su «eterna juventud». Su rostro tiene las huellas del tiempo marcadas y su corazón precisa, en este momento, del apoyo de un sistema que le «marque los pasos».

El lugar que le vio nacer es un pueblo de la sierra de Gata, en Cáceres, allá por el año 1930. El origen de uno es importante y él siempre se ha sentido orgulloso de reconocerse como extremeño.

Pertenece a esa generación que vivió una época muy dura de la historia de España. La guerra civil marcó claramente su infancia. A la edad de seis años le arrebataron a su padre de forma violenta. Le detuvieron y fusilaron sin juicio alguno. Nunca se supo dónde poder llorarle. Se quedó en compañía de su madre y de sus cinco hermanos.

La dureza de las circunstancias familiares, sociales y económicas del momento impidió que pudiera acudir a la escuela de forma regular. Tuvo que ponerse a trabajar con su madre a los diez años, en condiciones seguramente hoy no admisibles para un niño. En este entorno **aprendió a reconocer el valor del trabajo y del esfuerzo.** Valores que nos han sido transmitidos a nosotros, sus hijos. Con el paso del tiempo, cuando recuerda estos hechos lo cuenta sin rencor, porque quizás ha aprendido a **asumir la vida sin reproches.**

Sus años de juventud transcurrieron en medio de una posguerra que continuó trayendo pérdidas y sueños sin cumplir. Las circunstancias le obligaron a trasladarse a la capital, donde conoció a su mujer (nuestra madre), y allí se casaron. Tras el nacimiento de su primer hijo (Javier, 1960), y aún en un contexto socioeconómico no exento de dificultades y sin alternativas laborales, tomó la decisión de emigrar y se trasladó a Alemania.

La decisión de iniciar un proceso migratorio fue claramente un acto de valentía por parte de nuestra familia y de nuestro padre en particular. Él tuvo que marcharse primero solo, dejando en Madrid a su mujer y a su hijo. Instalarse en otro país en busca de mejores oportunidades de vida, desconociendo el idioma y las costumbres, supone todo un reto.

La imagen de Severiano es la de un hombre humilde venido de un pueblo pequeño que se atrevió a cruzar fronteras, a pesar de lo desconocido. Su deseo, como el de muchos, era sobrevivir y sacar a su familia adelante. La reagrupación familiar se realizó tres años después. Allí nació su segunda hija (Araceli, 1966).

El deseo de retornar a España siempre estuvo presente en la familia, así que después de años de mucho trabajo y esfuerzos regresamos en 1974. Uno de los reconocimientos a nuestro padre siempre será el de habernos proporcionado **una experiencia de vida enriquecedora**. Haber vivido en dos países distintos nos ayudó a ser más tolerantes y adaptativos.

Nos transmitió que las personas siempre tienen cabida en cualquier parte desde una actitud de respeto y saber estar. Que la sencillez es una cualidad que debe acompañarnos en todo acto. Y que sin esfuerzo y trabajo es difícil alcanzar lo que deseas.

Después de jubilarse ha continuado con una vida saludable. Mantiene la actividad física caminando diariamente. Y no se priva de deleitarse con una buena comida. **Su actitud vital se basa en disfrutar de las pequeñas cosas.** Cosas relacionadas con la cotidianidad. Disfruta, por ejemplo, de un aperitivo con su copita de vino y de la lectura del periódico diario. Ahora más que nunca, **aprovecha cada momento.**

Su trato cordial le ha permitido relacionarse con todo el mundo. Siempre tiene una sonrisa para cualquiera. Campechano y cercano en el trato, ha sido apreciado entre sus conocidos y amigos.

Esta cordialidad, junto con la fama de trabajador, le ha merecido el reconocimiento y la consideración de sus compañeros de trabajo y jefes.

Un hombre sencillo que, a pesar de las circunstancias y experiencias de vida adversas, **no ha perdido la ilusión ni la alegría por vivir**. El legado que nos deja está basado en **la ética, la responsabilidad y la educación**. Eso sí, **sin desaprovechar las oportunidades** que la vida te brinda.

ALEJANDRA

CUENTA SU PROPIA HISTORIA

El pasado verano estaba firmando ejemplares en la librería Elkar, cerca de San Sebastián. Allí conocí a Alejandra, la chica que nos brinda este relato de superación, y a su novio. Gran seguidora de mis libros, me contó cómo, con una gran lucha, ha conseguido levantar dos empresas dedicadas a la belleza. Los a veces denostados libros de autoayuda pueden cambiar las vidas a mejor, como nos demuestra el relato que Alejandra escribe en primera persona y que reproducimos directamente por su gran valor testimonial y humano.

Me llamo Alejandra, tengo veinticinco años y soy esteticista. Conocí a Bernabé a través de sus libros hace cuatro años y desde entonces me ha ayudado muchísimo en todos los aspectos de mi vida. El verano pasado tuve el grandísimo placer de conocerle en persona en la presentación de su último libro, *Espiritual mente*, en San Sebastián. No sé con exactitud qué fue lo que le transmití a través de nuestra corta conversación, pero me pidió que le explicase más detenidamente de qué manera me había ayudado, sobre todo en mi vida laboral.

Para mí es una oportunidad grandiosa, y aquí estoy, dispuesta a expresarlo de forma detallada.

A modo de inicio, expondré un breve resumen de mi camino profesional.

Mis estudios fueron cursados desde la guardería hasta el instituto en Francia (vivo en una ciudad fronteriza). Estimo que mi formación académica es de calidad y puedo resaltar que tengo un alto nivel de inglés y en cuanto al francés soy bilingüe.

Explico esto porque mi formación fue determinante a la hora de elegir la carrera de Turismo en la Universidad de Deusto en San Sebastián. Dudé entre un grado superior de estética y la carrera que cursé, pero me decanté por lo segundo por ser una enseñanza superior.

Reconozco que son dos mundos totalmente distintos, pero ¿quién dice que no me pueden gustar las dos cosas? Hice las prácticas como recepcionista en un hotel de San Sebastián, y me di cuenta de que para ejercer el oficio no hace falta una carrera, basta con saber idiomas. Por eso quería encontrar otra cosa que me aportase algo más.

Al mes de terminar la carrera encontré trabajo como agente de viajes en una empresa de renombre. De aquella experiencia pude aprender, sobre todo, a ser dinámica y espontánea, a realizar tareas de un modo efectivo. Me ayudó a madurar.

Sin embargo, lo pasé mal porque no me satisfacía mi trabajo en absoluto. No le di pocas oportunidades. De hecho, estuve más de dos años desempeñando aquel puesto. Si lo miro con perspectiva, puedo afirmar que pasé por una especie de depresión. Lloraba todas las noches y cada vez que sonaba el teléfono o se abría la puerta, dando paso a un nuevo cliente, se me revolvía el estómago.

Hacía mis tareas, pero nunca las consideraba acabadas. Lograba vender, pero no me sentía cómoda. Mis compañeras eran encantadoras y me ayudaron muchísimo. Eran amables y duras cuando la situación lo requería.

Fue por aquel entonces cuando conocí a Bernabé, a través de un programa de televisión. Hablaba sobre su nuevo libro, *Optimismo vital*. Al escucharle me di cuenta de que eso era precisamente lo que me faltaba. Adquirí el libro y lo leí. Me di cuenta de mi toxicidad y de que tenía que cambiar como fuera.

Un día vi que iban a abrir una escuela de estética y peluquería en mi ciudad, y sentí que era mi oportunidad para salir de aquel bache. Al fin y al cabo, tenía veintiún años, una edad adecuada para poder estudiar, así que mi planteamiento fue trabajar media jornada para pagarme los estudios.

Dudé muchísimo, y tanto mi madre como mi pareja me alentaron para que lo hiciera, y les estaré eternamente agradecida por ello. Siempre he necesitado conocer las opiniones de los demás y su aprobación… Comprendí gracias a Bernabé que esto es una soberana estupidez, pero todavía estoy corrigiéndome.

Todos los demás me decían que era una barbaridad lo que me disponía a hacer. Al fin y al cabo, la carrera les costó mucho dinero a mis padres y esa era una de las razones que me echaban para atrás en mi empeño por conseguir ser feliz con mi trabajo. Mi madre me explicó que desde su punto de vista no era tirar el tiempo ni el dinero, ya que había aprendido muchísimas cosas y tenía la carrera terminada. No la había dejado a medias, como lo hace mucha gente. Nunca se sabe por dónde te va a llevar la vida. Puede que algún día tenga que recurrir a ella, y si es así, estaré capacitada.

Me gustaría hacer un apunte: hoy en día, mi hermana mayor me dice que se arrepiente por no haberme apoyado en aquel momento y se alegra de que tomara la decisión que tomé, pues realmente me ayudó a mejorar mi vida y mi forma de ser.

Unos meses antes de dejar la agencia de viajes se podía apreciar que había sufrido una tremenda bajada de peso (dieciocho kilos en seis meses aproximadamente), pues tenía todos los nervios concentrados en el estómago, o no comía o lo devolvía... La verdad es que no podía seguir así.

Me inscribí en la academia y pude comprobar que me encanta el mundo de la estética. Me resulta creativo, interesante y agradecido, pues trabajamos con el cuerpo humano tanto por dentro como por fuera, y ayudamos a crear bienestar.

Trabajé mientras tanto en la agencia hasta que encontré trabajo en un centro de belleza, antes de terminar el primer curso. Seguí trabajando a media jornada.

En esta empresa también aprendí muchísimo y mis compañeras eran encantadoras, estaba muy a gusto. Sin embargo, unos meses antes de terminar los estudios me ofrecieron un puesto de trabajo con mejores condiciones: profesora de estética en la academia en la que estaba estudiando.

Mi vocación nunca ha sido la docencia, pero me sentía capaz de dar lo mejor de mí para que otras personas pudieran aprender. Dejé mi puesto de asesora y empecé a dar clases. Pensaba que así tendría más posibilidades de seguir aprendiendo y desarrollarme hasta nuevos límites.

¡Cuánto me equivocaba! No tardé más de dos meses en darme cuenta de que aquel empleo era el que menos me iba a aportar a nivel profesional. Además fue muy complicado para mí no involucrarme en exceso con mis alumnas, pues algunas habían sido mis compañeras el año anterior, y en cuanto a las nuevas... Pues estaban pasando por lo mismo por lo que había pasado yo. En realidad, la academia era muy joven, desde el punto de vista empresarial, y había muchísimas cosas que necesitaban un cambio que nunca llegaba.

Al final volví a sucumbir a la espiral de tristeza y lamento que había sufrido durante mis años como agente de viajes. Y me negaba rotundamente a seguir con ello. Reflexioné y observé las demás empresas de mi alrededor. Pude comprender que si quieres realizar tu trabajo de forma íntegra y correcta, lo mejor es que lo hagas a tu manera.

A través del libro *Conseguir el éxito* encontré la ilusión por un nuevo proyecto: crear un negocio en el que se trabajaría para que los clientes se sintieran mejor consigo mismos, a través de su imagen y técnicas de relajación.

Mientras terminaba mi periplo por aquella empresa, desarrollé un proyecto de negocio con su respectivo plan de viabilidad para ponerlo en marcha en cuanto finalizase mi contrato. Invertí todo mi empeño, ilusión y tiempo libre en dar alas a ese sueño.

Sin embargo, tuve que renunciar a él unos tres meses después de volver al paro, pues ninguna entidad bancaria me proporcionó el capital inicial que necesitaba. De esto hace cuatro meses, y todavía se me arruga el corazón cuando lo pienso, la verdad es que tenía todas mis esperanzas depositadas en aquel proyecto.

Lloré dos días por el disgusto, y tanto mi madre (que era mi avalista) como mi novio, quienes siempre me apoyaron, sufrieron conmigo.

Después decidí hacer caso de los consejos de Bernabé: ser arquitecto de mi propio destino, hacer uso de la tenacidad inteligente y dejarme de lamentos, tomar acción.

Encontré a través de una amiga un centro de estética-peluquería donde realizar las horas de prácticas que me faltaban para conseguir la titulación homologada de estética (la que había obtenido en mi escuela era privada y no tenía ninguna validez académica). También me apunté a un curso de maquillaje para mejorar profesionalmente, pues, como he comentado antes, la academia donde estudié tenía muchas carencias en algunos aspectos, a pesar de todo lo que pagamos por esa formación.

Hace unas semanas terminé las prácticas y ¡sorpresa! Ya sabía que la jefa estaba embarazada, pero quiere que cubra su periodo de baja y me quede a trabajar con ella después.

Pero lo mejor de todo es que estoy encantada. Por primera vez voy contenta a trabajar todos los días. Claro que existen cosas que se tuercen en el día a día, pero he tenido una gran acogida tanto por parte de la clientela como por parte de las compañeras, que son maravillosas. Me ayudan a sentirme capaz y a valorarme como profesional.

Además, al tratarse de una jefa joven y apasionada por la imagen personal, asistimos a un montón de cursos y me enseña muchísimas cosas. Me siento afortunada, y sobre todo me siento satisfecha porque a pesar de no conocer muy bien mi futuro laboral, siento una tremenda paz.

En el fondo he sido una optimista vital, ese ha sido el imán que ha hecho que nunca me faltase un empleo, y lo que ha hecho que poco a poco vaya subiendo escalones hacia mi objetivo, que es sentirme realizada con mi trabajo.

He de decir que mi vida no ha sido dura hasta ahora. Tengo una familia que me quiere y me apoya, una pareja estable y con proyectos de futuro juntos, y hoy en día tengo un trabajo que me aporta muchísimo tanto profesional como personalmente.

Esto último me ha sido bastante difícil de encontrar, pero pude hacerlo gracias a las enseñanzas de este gran hombre que es Bernabé Tierno.

Los trastornos más grandes que he sufrido en mi vida, aparte de los causados por diversos problemas de salud de algunos de mis familiares, han tenido como causa el trabajo. Además cuento con una serie de defectos «de fábrica», a saber: baja autoestima, inseguridad, excesiva sensibilidad, bloqueo mental, autodiálogo negativo, comparación con los demás y un largo etcétera.

Considero que es muy importante para ser feliz, o vivir momentos de felicidad, estar a gusto con lo que uno hace. Dado que pasamos la mayor parte de nuestra vida trabajando, es indispensable que nos aporte cosas buenas, o eso pensaba. Después de haber leído y requeteleído varios de los libros de Bernabé Tierno, me he dado cuenta de que el truco está en saber mirar las circunstancias con objetividad y extraer lo mejor, así como desechar o restarle importancia a lo peor.

La cuestión es poner sobre una balanza, por un lado, lo que nos satisface y nos hace realizarnos, lo que nos hace disfrutar de un día de trabajo normal, y, por otro, lo que nos quita energía, nos agota o agobia. La finalidad de este ejercicio es que la balanza se decante por el lado «bueno».

Hay que realizar este ejercicio con objetividad, pues cuando nos encontramos amargados, es posible que lo que tenga que cambiar sea nuestra actitud.

Es fácil detectar si obramos con una mala actitud. Solo hay que abrir la propia mente y leer el libro *Optimismo vital*. Gracias a esto, yo pude darme cuenta de cuánto daño estaba causando a mi alrededor en un momento determinado de mi vida, dado mi nivel de toxicidad.

Ahora que han pasado unos años, puedo decir que me encontraba al borde de una depresión, porque estaba totalmente absorbida por pensamientos negativos arraigados en el trabajo. No desconectaba ni siquiera el fin de semana.

Reconozco que cada vez que he pasado por una mala etapa laboral me ha sucedido lo mismo, me dejaba arrastrar a todas horas por pensamientos nefastos, y claro, mis conversaciones giraban en torno a ello. Por eso afirmo que es imprescindible aprender a sentirse feliz también en el trabajo.

En ese libro encontré las claves para cambiar, imitar los rasgos de las personas positivas, rodearme de ellas (siempre las hay) y dejar de lamentarme, porque esto último no sirve para otra cosa más que para amargar al personal y arriesgarte a perder lo que más quieres.

Las personas más allegadas —en mi caso son mi novio y mi madre— no tienen por qué soportar semejante tortura.

Una de las cosas que hizo que me diera cuenta de que tenía que cambiar de actitud fue que mi madre procuraba no mantener ninguna conversación conmigo al finalizar la jornada, con lo cual nos distanciamos bastante durante aquella temporada.

Sin embargo, lo que desató la señal de alarma fue que mi pareja empezó a comportarse de forma extraña. Finalmente hizo que me diera cuenta de que estaba siendo una completa egoísta. Él se esforzaba en animarme y, tras meses de suplicio, veía que no conseguía nada. Por un momento tuvo dudas sobre nosotros, porque si yo seguía así, acabaría destruyéndole a él.

Lo más inteligente en estos casos es, como dice Bernabé, hacer uso del pensamiento pragmático. Aceptar el problema que tenemos y emprender acciones de mejora continua. Hacer un *stop* rotundo en la espiral de lamentaciones y autocompasión. Discernir el problema y hacerle frente con todas las armas de que dispongamos. Es lo ÚNICO que funciona.

Para ello hay que saber distinguir nuestras armas o puntos fuertes y darles importancia. Hay que saber hacerlo.

En este apartado debo sincerarme y reconocer que prácticamente carezco de autoestima. No tengo ni idea de dónde nace este problema, pero lo que sí sé es que he podido experimentar cómo una debilidad como esta afecta de forma directa a mi faceta profesional. Soy una persona que quiere evolucionar, aprender, mejorar, y mis inseguridades me han puesto un tapón que no me deja salir adelante.

Soy consciente de que tengo un trato amable y agradable con los clientes, que algunos de los servicios estéticos se me dan mejor y otros peor. Disfruto con mi trabajo. Sin embargo, soy perfeccionista e inconformista con lo que hago, me comparo constantemente con los demás, y dejo de darle valor a mi trabajo, nunca lo veo acabado y si lo está, no lo veo bien.

A pesar de todo lo que siento, tengo la certeza de que voy a conseguir mi meta, que es ser una buena profesional. Para ello tengo que borrar de mi cabeza literalmente todo lo que me está cortando las alas. Tengo fe en mí misma y en mis posibilidades, sobre todo tras haber leído *Poderosa mente*.

Este ha sido uno de los mejores libros que he leído. Gracias a él pude darme cuenta de que el único problema en mi vida soy YO. Mi mente está programada negativamente, y lo exteriorizo sobre todo en forma de insatisfacción con mi propio trabajo. Lo único que necesito es reprogramarla de forma positiva. Cada noche hago ejercicios, sobre todo de relajación y visualización, con la ayuda del CD que acompaña el libro *Sabiduría esencial.*

Cada uno de los libros de mi querido autor favorito me resulta una obra de arte, hablaba de *Poderosa mente*, pero es que todos son dignos de conservar para toda la vida, regalar a quienes más quieres y leer varias veces, para recargar pilas y recordarnos las cosas verdaderamente importantes de la vida.

Esta persona me suscitó plena confianza desde que me enganché a su energía positiva, relata lo esencial de la vida de una manera especial.

Es imposible describir toda la ayuda que he recibido a través de él, pero me gustaría resumir brevemente mi evolución en unas pocas palabras. Gracias a sus libros consigo detectar mis fallos y ponerles un sano remedio. Aprendo a elegir mis objetivos cuidadosamente y luchar por ellos con todas las armas de las que dispongo. Aprendo a relajarme y a ser más consciente de mis emociones, así como del poder que tengo para encaminar mi vida. Ser arquitecto de mi destino, en todas sus facetas, pero en gran medida en la laboral, pues a mí, el ejercicio que más me ayuda a recuperar mi autoestima es sentirme capaz en mi trabajo y sentirme profesional. Esto me da seguridad en el resto de la vida, me siento algo. Me siento la mejor versión de mí misma, y ese es mi verdadero objetivo. Ser la mejor persona que pueda llegar a ser, en todo lo que me corresponda.

Todas y cada una de las frases con las que nos podemos deleitar en sus libros y en la página web del Club Optimista Vital, donde entro cada día, son una auténtica cura medicinal para el mal humor y el pesimismo. Estoy totalmente enganchada, mi cerebro pide todos los días su dosis de optimismo, amor, serenidad…

Quiero pensar que esto quiere decir que estoy cambiando, para bien, en todos los aspectos de mi vida. Sigo corrigiendo mis fallos, sigo educándome cada día, absorbiendo como una esponja todo lo que me beneficia. Tropiezo a menudo, pero no pierdo la esperanza de ser una buena persona que consiga lo que todo ser humano debe hallar: el disfrute en lo cotidiano, sea en casa o en el trabajo o en el metro. Ser feliz y transmitir felicidad a quien nos rodea y poner todo el empeño para que nuestro paso por la Tierra contribuya a hacer de ella el paraíso.

Comparto con vosotros una frase que me ha regalado recientemente una familiar a la que adoro, bien podría provenir de uno de los libros de Bernabé. Dice así: «Qué felicidad cuando se cumplen los sueños, pero mejor cuando se ha luchado por ellos».

INTELIGENCIA EMOCIONAL
PARA LÍDERES DE NUESTRO TIEMPO

DESARROLLA TU INTELIGENCIA EMOCIONAL

(EL 85 % DE TU FELICIDAD Y DE TU ÉXITO DEPENDE DE ELLA)

«Si el tiempo es lo más caro,
la pérdida de tiempo es el mayor de los derroches.»
BENJAMIN FRANKLIN

Terminaremos este anexo para alcanzar el éxito con humildad con un repaso a una herramienta fundamental para entender a los demás y hacernos entender: la inteligencia emocional, que presenta estas dos dimensiones:

A. *Inteligencia intrapersonal*
Conocimiento de ti mismo. Saber expresar lo que sientes, lo que te preocupa, lo que deseas, adónde te diriges.

Sé sincero y evalúate de 1 a 10 en autoestima, empatía, sentimiento de competencia, actitud mental positiva, sensibilidad, buen humor, sentido del humor, autocontrol, ecuanimidad, calma-sosiego-equilibrio, adaptación a las circunstancias, renovación y crecimiento personal, resistencia a la frustración y no rendirte ante las adversidades, bondad, estar al mando de ti mismo, responsabilidad, nivel de eficacia...

B. *Inteligencia interpersonal*
1. **Habilidades sociales.** Además de gestionar bien la relación que tenemos con nosotros mismos, hay que saber

gestionar las relaciones que tenemos con nuestros familiares y amigos, y, en especial, con las personas con las que compartimos nuestro trabajo. La clave es un respeto atento y cálido como constante, tanto en las relaciones con los compañeros como en las relaciones con los clientes, sin llegar a compartir confidencias que nos comprometan.

Decía Cicerón que «la confidencia corrompe la amistad; el mucho contacto la consume y el respeto la conserva». Seguramente exageraba si nos referimos a las amistades entrañables entre amigos de toda la vida, pero si hablamos de la amistad en el lugar de trabajo, Cicerón estaba completamente en lo cierto.

Como reza el refrán, «quien tiene tu secreto tiene tu bienestar», así que hay que tener buen cuidado de hacer confidencias hasta a los compañeros más íntimos y por supuesto a los clientes. Una cercanía atenta y cálida, pero lo suficientemente distante como para no sobrepasar los límites de lo más personal y confidencial, es lo más aconsejable para evitar incontables problemas tanto a la empresa en la que trabajamos como a nosotros mismos.

Dentro de las habilidades sociales, son fundamentales las habilidades para hacer amistades y conservarlas; colaborar y trabajar en grupo, reaccionar con inteligencia ante insultos y bromas pesadas; respetar los derechos de los demás; automotivarse cuando las cosas van mal; superar sentimientos negativos como la ira, el odio y el rencor; potenciar la propia autoestima y la de los demás; ser parte de la solución y no del problema...

2. **Descubre tu propia motivación, tu razón fuerte para vivir**, para superarte y esforzarte; aquello que más te importa

para celebrar y disfrutar la vida en cada minuto y que nada ni nadie te impida ser lo que quieres ser.

Ten bien claros tus objetivos y los medios eficaces para conseguirlos. Si no sabes lo que quieres y hacia dónde te diriges y no eliges la mejor compañía, todos los vientos te serán desfavorables. Bien decía Louis Pasteur que «la fortuna juega siempre a favor de una mente preparada».

Y por favor, mantén el buen humor a toda costa. A ninguna mente bien organizada le falta el sentido del humor.

La inteligencia emocional en la empresa

Las fórmulas para desarrollar la inteligencia emocional están pisando cada vez más fuerte en el ámbito de las empresas, que aplican la capacidad para reconocer nuestros propios sentimientos y los ajenos, y la habilidad para manejarlos en nosotros mismos y en nuestras relaciones.

«Las personas con habilidades emocionales bien desarrolladas tienen más probabilidades de sentirse satisfechas y ser eficaces en su vida, y de dominar los hábitos mentales que favorezcan su propia productividad; las personas que no pueden poner cierto orden en su vida emocional libran batallas interiores que sabotean su capacidad de concentrarse en el trabajo y pensar con claridad», apunta Daniel Goleman, considerado el padre de la IE. Y es que el estado anímico influye en todo lo que hacemos en casa, en el trabajo o en cualquier situación social.

Algunos autores definen **la inteligencia emocional como el factor de éxito más importante en cualquier carrera.** Está demostrado que la felicidad de un empleado en su puesto de trabajo influye activamente en su productividad, en su capacidad para aportar ideas y en la adquisición de nuevas habilidades. Es por eso que la inteligencia emocional cada vez tiene más peso a la hora de valorar a los trabajadores en el terreno empresarial. Este tipo de inteligencia se aprende y perfecciona a lo largo de nuestra vida a partir de nuevas experiencias, por lo que nuestras habilidades seguirán desarrollándose gracias al esfuerzo y al empeño que pongamos en nuestros quehaceres diarios.

Existe una serie de aptitudes que conforman la inteligencia emocional de un buen empleado o directivo:

- **Autoconocimiento:** es el conocimiento que tenemos de nuestras características personales para reconocer nuestro estado de ánimo, nuestros puntos fuertes y nuestras limitaciones, así como el nivel de autoconfianza que tenemos en nuestras capacidades. En una entrevista de trabajo debemos presentarnos teniendo en cuenta cuáles son las cualidades que nos hacen destacar por encima del resto de los aspirantes al puesto de trabajo.
- **Autorregulación:** debemos conocer a la perfección cuáles son nuestras emociones y cómo podemos manejarlas. En el trabajo debemos controlarnos, puesto que si nos dejamos llevar por las emociones, nuestras labores acabarán viéndose afectadas.
- **Motivación:** resulta fundamental mantenernos motivados en nuestras tareas para no perder el interés y dejar de ser productivos. Si no olvidamos cuáles son nuestras prioridades, tampoco dejaremos de luchar para alcanzar los objetivos marcados.
- **Empatía:** es primordial para mantener una salud laboral de hierro en lo que a la relación con los compañeros y los jefes se refiere. Si somos capaces de percibir lo que sienten los

demás, podremos ver las cosas desde su ángulo de actuación, creando así un vínculo de afinidad con los que nos rodean para evitar problemas y rencillas.

- **Habilidades sociales:** conllevan controlar las emociones en una relación para interpretar de la forma adecuada las situaciones y las conexiones entre los seres humanos que nos rodean.

Siguiendo la misma línea, los contratantes buscan trabajadores que dominen toda una serie de capacidades relacionadas con la inteligencia emocional, como por ejemplo:

— Iniciativa y capacidad de liderazgo.
— Habilidad comunicativa y empatía.
— Capacidad para trabajar en equipo y resolver conflictos.
— Confianza en uno mismo y en la labor de la empresa.
— Mantenimiento de la motivación para alcanzar los objetivos marcados.

Una persona con un coeficiente intelectual por encima de la media, que reúne todas las cualidades necesarias para desempeñar una serie de labores, pero que carece de destreza a la hora de comunicarse, será menos productiva y menos feliz en su trabajo que alguien con menor coeficiente intelectual, pero mayor dominio de la inteligencia emocional.

«Quienes alcanzan altos niveles dentro de las organizaciones poseen un gran control de sus emociones, están motivados y son generadores de entusiasmo. Saben trabajar en equipo, tienen iniciativa y logran influir en los estados de ánimo de sus compañeros.» Así de simple lo resume Goleman. El mismo psicólogo estadounidense considera que existen tres grandes temas relacionados con el trabajo:

1. Capacidades emocionales individuales.
2. Habilidades para trabajar en equipo.
3. La nueva empresa organizada con inteligencia emocional.

Goleman hace especial hincapié en la trascendencia de adaptarse a las nuevas condiciones en las empresas modernas, en la necesidad del autocontrol en situaciones de estrés y en la importancia de ser honesto, íntegro y responsable.

De la misma forma, un líder humilde, inspirador y eficaz resultará verdaderamente eficaz si tiene claros los objetivos que debe cumplir, si mantiene la confianza en sí mismo y su poder de influencia positiva sobre los demás, sin dejar de lado la empatía que antes comentábamos.

Tal y como apuntó en 1999 Goleman, **el éxito de una persona en su trabajo está íntimamente ligado a sus emociones.** Si un trabajador es feliz en una empresa, trabajará a gusto, será más productivo y desarrollará mejor sus habilidades cuando trabaje en grupo.

En cuanto a los líderes laborales —jefes, directivos, etcétera—, precisan de una serie de actitudes básicas que deben adoptar para liderar a sus trabajadores, como son:

- **Escuchar de manera activa al empleado.** A cualquiera se le puede ocurrir una idea que amplíe el mercado o mejore la productividad global. Cuando se mantiene una relación abierta con los empleados, el trabajador se siente más cercano al jefe y desarrolla mejor su capacidad de actuación y colaboración en grupo.

- **Motivar a su equipo.** Todo líder debe mantener motivado a su equipo si desea que los resultados obtenidos sean satisfactorios. **Felicidad = Productividad.**
- **Respetar a los demás** y poner en práctica **la Regla de los Tres Metros, que consiste en saludar a todo aquel que se encuentre a esa distancia.** Así, además de ser un jefe cercano con los empleados, se mejoran las relaciones laborales basadas en la jerarquía institucional.

De la misma forma, el líder de nuevo cuño debe hacer sentir «libres» a sus trabajadores. Un empleado consciente de sus funciones y de sus limitaciones, que siempre cumple con lo estipulado por la empresa, producirá más y mejor si siente que su labor está siendo reconocida y no vigilada de cerca, gracias a la autonomía que tiene a la hora de desarrollar sus actividades.

La libertad y la autonomía generan mayor autoconfianza en el trabajador, que siente reconocida su labor y que estará abierto a sufrir cambios en sus funciones e incluso a hacerse cargo de mayores responsabilidades.

Daniel Goleman también apuntó que «las normas que gobiernan el mundo laboral están cambiando. En la actualidad no solo se nos juzga por lo más o menos inteligentes que podamos ser ni por nuestra formación o experiencia, sino también por el modo en el que nos relacionamos con nosotros mismos o con los demás».

A modo de conclusión, observemos algunas de las ventajas de aplicar la inteligencia emocional en el ámbito de las empresas:

- Mejora de la comunicación interna.
- El empleado se siente más valorado, feliz e integrado en la empresa.
- Aumenta la motivación del trabajador y se lucha más por un ascenso.
- Las relaciones personales y el ambiente de trabajo mejoran.
- Las personas se implican más en sus labores y se vuelven más responsables y autónomas.
- Nuestra autoestima se verá reforzada, al igual que nuestra autoconfianza.
- Incrementa la eficacia de los trabajadores, y por tanto, la producción.
- Los procesos de cambio y mejora se agilizan y dejan de verse con temor, etcétera.

En definitiva, mejora la relación entre los trabajadores y entre el público y la empresa, con lo que al final se cumple la premisa más importante de cualquier negocio: incrementar la rentabilidad.

Un estudio realizado por la Universidad de Nebraska arrojó que las personas que se imaginan a sus compañeros de trabajo como personas competentes, inteligentes y positivas son más eficaces en el trabajo y en su vida diaria. Y es que los empleados proactivos que se recuperan de los errores cometidos son más felices y, como consecuencia, más productivos en el ámbito laboral.

De la misma forma, el estudio concluye que los seres humanos proyectan sus debilidades en los demás; es decir, que un empleado incompetente verá así al resto de sus compañeros de trabajo, de manera que no estará motivado para alcanzar objetivo alguno. Siguiendo la misma línea, el directivo de una empresa que percibe a sus empleados como vagos no estará motivado para alcanzar los objetivos comunes.

Existen multitud de empresas que aplican la inteligencia emocional con sus trabajadores a través de cursos y seminarios. El objetivo principal de este tipo de cursos es aprender a afrontar situaciones comunes de una forma diferente y aprovechar las circunstancias adversas para conseguir mayor eficiencia y productividad a través de la motivación afectiva del personal.

Y es que los talleres y las actividades grupales se han convertido en una fórmula más que acertada para cohesionar a los trabajadores de una empresa y crear así un ambiente laboral favorable.

Una de las prácticas más utilizadas en los últimos tiempos es el deporte corporativo. Gracias a las actividades deportivas, los empleados conocen a sus compañeros y fomentan valores como el compañerismo, el trabajo en equipo, el liderazgo y el espíritu ganador, tal y como argumentan en Hat Trick, empresa especializada en organizar campeonatos deportivos dentro de las empresas.

Este tipo de iniciativas está teniendo muchísimo éxito en la actualidad. Los trabajadores agradecen los torneos, mantienen una mejor relación con sus compañeros y se sienten más a gusto trabajando.

Una de las empresas que ha impulsado el deporte entre sus trabajadores es Google. Los empleados cuentan con acceso a piscinas, mesas de ping-pong y billar, futbolín, gimnasio, zona de masajes, cancha de voleibol... Todo de manera gratuita. Además, no tienen un horario fijo y pueden descansar toda una tarde si así lo desean.

No cabe duda de que este método de satisfacción de empleados funciona a las mil maravillas. Esta empresa líder en tecnología, que cuenta con auténticos cerebros en sus filas, pone al servicio de sus empleados zonas verdes en las que desarrollar toda su creatividad, por donde pueden andar descalzos o bien trabajar sentados en el suelo.

La empresa Coca-Cola España ha sido la escogida por un grupo de científicos de la Universidad de California para realizar un estudio sobre la felicidad. El equipo analizará los efectos que la felicidad tiene en la productividad e incluso en la salud de los trabajadores. Tanto el Instituto Coca-Cola de la Felicidad como la encargada de la investigación que se llevará a cabo aseguran que el hecho de que los trabajadores sean más felices beneficia a todos, de la misma forma que **la gente feliz es más productiva, más creativa y más participativa.**

EPÍLOGO

JUNTOS, PODEMOS

Esta fábula tiene como protagonista a un joven orientado a la acción, acción que redunda en el beneficio de los demás. Donde no sirven los títulos académicos y fracasan las estrategias agresivas, Ángel encuentra una salida a través del optimismo, la creatividad y el sentido común, un valor ignorado demasiado tiempo que la situación que vivimos exige ahora.

Desde la humildad de quien busca soluciones sin reclamar el mérito, Ángel representa a decenas de miles de personas que luchan para salir de la crisis y ofrecer oportunidades a las generaciones presentes y futuras.

Nuestro país está lleno de triunfadores humildes que no se encuentran al mando de poderosas corporaciones ni salen en las revistas. Son grandes desconocidos que ayudan, desde el esfuerzo y la modestia, a que nuestro mundo siga girando y podamos, un día cercano, ver luz al final del túnel.

Deseo que esta fábula contribuya a que, en estos momentos de adversidad, no nos demos por vencidos y nos decidamos a remar en la misma dirección.

Si los lectores comparten con muchos otros aspirantes a triunfadores humildes los valores de este libro, seguro que avanzaremos juntos hacia una sociedad más honesta y solidaria, a la vez que productiva.

Utilizando el lema que llevó a nuestra selección de fútbol a conquistar el Mundial de Sudáfrica: **juntos, podemos**.

No quiero acabar este libro sin agradecer a mi gran amigo Francesc Miralles que me haya ayudado en la aventura de escribir mi primera fábula. Sin él este libro no sería posible.

BERNABÉ TIERNO